サンエイ新書

2

# 三国志

## その終わりと始まり



上永哲矢
Uenaga Tetsuya

# 正史『三国志』と『三国志演義』
# 今に伝わる2つの三国志

吉川英治の小説や横山光輝の漫画にはじまり、パソコンゲームの『三國志』シリーズから『真・三國無双』シリーズ、スマホアプリなど……三国志は日本の文化の中にすっかり定着した感があります。筆者も小学生のころ父親に勧められて小説を読み、それ以来ずっと三国志を楽しみ、また親しみ、愛し続けてきました。

中国史、とりわけ三国志には大陸独特のスケール感があり、読めば読むほど、知れば知るほど新たな気付きがあり、その魅力にはまっていく面白さがあります。とはいえ、実際に三国志の関連作品を読み、ドラマや映画なども楽しんでいるという人の割合は、日本人全体から見れば少ないのも事実でしょう。

この本は史実をもとにしつつ、そうした初心者の方にも三国志に親しんでいただけるよう読みやすさを意識して作りました。たくさんの方がこの本を手にとり、三国志の魅力や面白さに、改めて触れていただければ幸いです。

## 3つの歴史書が合わさって正史『三国志』が成立

今から約1800年前の中国大陸に魏《ぎ》・蜀《しょく》・呉《ご》という3つの国があった。それぞれのトップが「皇帝」を名乗って並び立つ、中国史上でも類を見ない状態が続いた約60年間のことを「三国時代」（222〜280年）と呼ぶ。

ただし、『三国志』に記される舞台はそれよりも少し長い。正式に三国時代を迎える少し前の西暦180年代、後漢《ごかん》帝国が崩壊しつつあるころからスタートする。

つまり曹操《そうそう》や劉備《りゅうび》などの主要人物が兵を挙げ、国を興し、世を去るまでの約40年の苦闘や奮戦にウエートが置かれている。むしろ、三国が成立する前の時代のほうにこそ『三国志』のおもしろさの本質があり、人気があるともいえる。

また、ひと口に『三国志』と呼ばれるが、主に似て非なる2種類に大別できる。ひとつは正史『三国志』、もうひとつが小説『三国志演義』だ。

まず正史『三国志』とは、純粋な歴史書である。中国には歴代王朝の出来事を記した「二十四史《にじゅうしし》」と呼ばれる歴史書があり、それらは国家公認であることから「正史」と呼ばれるが、正史『三国志』も「二十四史」のひとつに数えられる。

正史『三国志』の著者は陳寿《ちんじゅ》（233〜297年）という。陳寿は蜀の出身だったが、蜀の滅亡後に晋《しん》（魏に代わって興った国）に仕え官僚となった人物だ。

「二十四史」の中には、その時代が終わってから200年も経ってから編纂されたものもあるなかで、『三国志』は当時を生きた人間が書いたという点からも貴重であり、極めて正確性の高い読み物である。

その全容は65巻に及び、内訳は『魏志《ぎし》』『蜀志《しょくし》』『呉志《ごし》』からなる。この3つの歴史書が合わさって「三国志」と呼ぶ。構成は大まかにいえば列伝形式。人物の伝記を寄せ集めたもので、主要な人物の生涯を代わる代わる紹介している。そのため特定の人物だけの記述を読んでも時代の全容を把握することは難しい。

陳寿の死後、約130年が経ったころに裴松之《はいしょうし》（382〜451年）という政治家が、陳寿の編纂した『三国志』に対して注釈を入れた。注釈といっても、当時『三国志』以外に存在していた史料を積極的に引用して考察を加え、ボリュームを倍増するという大掛かりな作業であった。裴松之の注が入った『三国志』は読み物としても格段におもしろさを増し、口伝から講談、雑劇といった形で民間にも広まり、脚色がされていった。

## 千年ほどの時を経て三国志演義が完成

そして裴松之の時代から約1000年後、16世紀の初めに長編小説として完成をみたのが『三国志通俗演義《つうぞくえんぎ》』（以下、三国志演義と記す）である。

作者は明《みん》代初期の作家・羅貫中《らかんちゅう》（生没年不詳）とされているが定説を見ない。羅貫中が執筆する前にも『三国志平話《へいわ》』など、様々な形の三国志の読み物が存在しており、『三国志演義』はそれらを取り入れて完成した。

内容は「七実三虚《しちじつさんきょ》」（7割が史実、3割がフィクション）とされるが、非常に読みやすい。一読すれば正史『三国志』よりも、『三国志演義』のほうが大衆に親しまれていった理由が分かるだろう。

また、当時は「強者」であった曹操および曹操が建国した魏より、「弱小国」の蜀を建てた劉備、彼を補佐した諸葛亮《しょかつりょう》の人気が高まっていた（蜀漢正統論）。この風潮により蜀漢の劉備を主役「善玉」とし、正史『三国志』で正統とされる魏の曹操は「悪玉」として描かれているのも『三国志演義』の特色である。

この本はそうした贔屓目なしに、主に正史『三国志』や史書の記述を基本とし、なるべく時系列に沿って解説し、理解の助けになるよう構成した。

# 『三国志』の時代の中国

**197年**

後漢末期頃の中国大陸
この地を舞台に動乱が起こる

**200年**

各地で軍が立ち上がり
群雄割拠の時代に

**229年**

魏、蜀、呉、
時代は三国並立へ

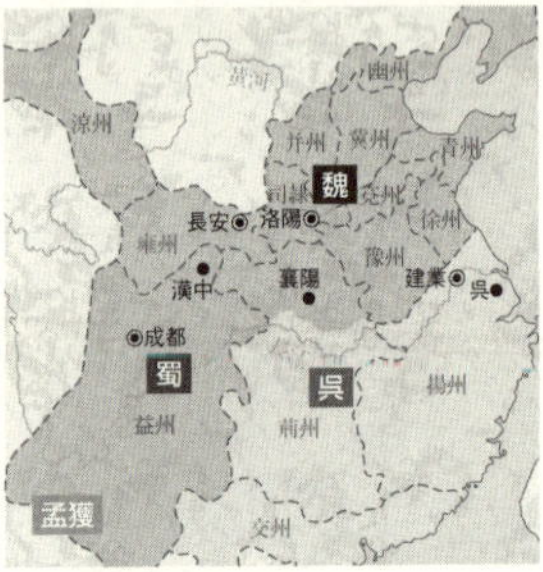

## 三国志 その終わりと始まり　目次

## 第二章　赤壁大戦を経て天下三分の時代へ

## 終章　今も生きる三国志の舞台



本書は2015年5月26日に発行された「時空旅人 Vol.26　大人が読みたい三国志」をベースに、一部企画内容を変更、ならびに加筆・修正をして再編集した新書です。一部情報に関しては掲載当時のものも含まれます。

# 第一章　漢帝国が衰退し三国志の群雄が集う

## 序幕

# 三国時代はなぜ始まったのか

### 秦が戦国を制覇し史上初の皇帝が誕生

三国志の時代が到来した時の中国は、その国号を「漢《かん》」といった。「漢字」「漢民族」「漢服」など文化の呼称も、この時代に確立されて以降、現在にまで色濃く影響を伝え続けている。

漢はいったん滅びているため「前漢《ぜんかん》」と「後漢《ごかん》」に分かれており、三国志の時代は「後漢」末期にあたる。まずはじめに、この漢がどのようにして興ったのかを語る必要があるだろう。

実在が確認できる中国最古の王朝を殷《いん》（商）といい、それを滅ぼしたのが周王朝であった。さらに、周の力が衰えると春秋時代・戦国時代が始まる（P20年表）。

有力諸侯たちがそれぞれに「王」を名乗り、彼らは「戦国七雄」と呼ばれた。すなわち韓《かん》・趙《ちょう》・楚《そ》・秦《しん》・魏《ぎ》・燕《えん》・斉《せい》の七国のことで、彼らが勢力争いに明け暮れる時代が400年以上も続いた。

紀元前221年、その乱世を統一したのが秦王の嬴政《えいせい》という男だ。時に39歳。彼は大陸を統一し、史上初の「皇帝」を名乗る。「始まりの皇帝」を意味する「始皇帝」という呼び名が定着するのは後世のことだが、本来は天下にひとりしか存在しないはずの「王」が乱立し、その価値が低下していたため、彼は王を凌駕する存在「皇帝」を創出したのだ。

始皇帝の名高い大事業としては、自身の住まいである阿房宮《あぼうきゅう》や死後に入る陵墓（始皇帝陵）の造営、北方異民族の侵入を阻止するための防御壁（万里の長城の前身）などを築いたことが知られる。これは国家事業であり、その威信を示す一方、何十万もの民衆に重い労役を強い、厳重な法体系で拘束するものであった。

始皇帝はまだ秦王だったころ、荊軻《けいか》という刺客に刺されそうになったことがある。腰に帯びた剣が抜けず、短刀を持った荊軻に追い回されるうち「王よ、剣を背負われよ！」という側近の叫びにハッと気付いて背中のほうに回して抜き、反撃に転じて仕留めた。映画『始皇帝暗殺』でも描かれた名場面である。権力者には多くの敵がおり、常に命を狙われる存在でもあった。

始皇帝は、暗殺者の手にはかからなかったが、その治世は長くなかった。紀元前210年、巡遊の途上で病を患い、齢50であっけなく生涯を閉じたのである。

## 「馬鹿《ばか》」の語源となった二代目にして秦が滅亡

第二代皇帝には始皇帝の末子・胡亥《こがい》が即位した。末子だったが始皇帝の側近として絶大な権勢を誇る宦官《かんがん》・趙高《ちょうこう》に擁立された傀儡《かいらい》だ。胡亥は兄の扶蘇《ふそ》や忠臣の李斯《りし》など邪魔な存在を抹殺したが、いずれも趙高の入れ知恵であった。

あくまで伝説ながら「馬鹿」の故事は胡亥に由来するという。ある時、趙高が鹿を宮中へ持って来させ、「珍しい馬が手に入りました」と胡亥に報告した。胡亥が「これは鹿ではないか?」と聞けば、趙高は周りの者たちに「馬に違いあるまい」と問いかける。趙高の権勢を恐れる者たちは「馬です」と口々に答えたという。

そんな傀儡国家が長続きするわけもない。秦は暴政を続け、それに対する怒りは頂点に達し、諸侯や民が蜂起した。紀元前209年に起きた「陳勝《ちんしょう》・呉広《ごこう》の乱」を皮切りに、各地で反乱軍が立ち上がる。秦の将軍・章邯《しょうかん》は果敢に反乱軍と戦っていたが、趙高にあらぬ罪を着せられ、楚軍を率いる項羽《こうう》に降伏してしまった。そして3年後の紀元前206年、項羽と劉邦《りゅうほう》の軍勢が秦を追い込んでいく。趙高は劉邦の軍が都の咸陽《かんよう》の城下に迫ると胡亥に罪を被せて自害に追い込み、劉邦に降ろうとしたが、胡亥の甥・子嬰《しえい》に斬られた。

こうして秦は二代で滅びたのである。その後、天下を争ったのは項羽と劉邦であった。楚の出身である項羽と、漢中（漢）を拠点とする劉邦の人物は実に対照的だった。9尺（207㎝）の大男で、図抜けた怪力の持ち主である項羽は戦闘に滅法強く、項羽が行けば反乱はすぐに鎮まった。しかし、ひとつを鎮圧すれば別の地域で反乱が起き、それを鎮圧すればまた別の反乱が発生するというありさまで、容易に人心を得られなかった。

一方の劉邦は侠客あがりで、身内のコネで地方役人をしていた。酒と女を好み、ろくに仕事もしない。戦には弱く、項羽の前に連戦連敗。まず真っ先に自分だけが逃げ出すという、一見は何の取り柄もない男であった。ところが不思議と人望があり、それこそが彼最大の武器であった。結果、この「楚漢《そかん》戦争」を制したのは劉邦だった。項羽は最後に劉邦軍によって垓下《がいか》へ追い込まれ、「四面楚歌《しめんそか》」の状態になり、愛する虞美人《ぐびじん》を後に残し、自害して果てる。

## 劉邦が漢帝国を樹立、そして後漢時代へ

かくして劉邦は秦の胡亥以来の皇帝となり、漢帝国を建てるに至った。そして二代（15年）で終わった秦とは比較にならぬほど、漢は長く続いてゆく。ことに第六代皇帝・劉啓《りゅうけい》（景帝《けいてい》）は、みずから質素な生活を送り、民を慈しみ、農業を奨励して国力の充実を図り「文景の治」と賞賛された。その跡を継いだ劉徹《りゅうてつ》（武帝）は内政だけでなく、それまで悩まされていた異民族・匈奴《きょうど》の討伐を行ない、衛青《えいせい》とその甥の霍去病《かくきょへい》の両将軍を登用。幾度となく匈奴を打ち破った。西は敦煌、東は朝鮮半島北部、南はベトナム、北は外蒙古までいたる大帝国を築き上げ、第七代にして漢は最盛期を誇った。

漢は十五代目の西暦8年、一度は王莽《おうもう》の陰謀によって滅ぼされるが、劉秀（光武帝《こうぶてい》）の出現で西暦25年に甦った。ところが再び栄えると思われた漢に綻びが見え始めたのは、後漢の二代皇帝・劉荘《りゅうそう》（明帝）が父の光武帝より若い48歳で没し、それ以後の皇帝も極端に短命な道を辿ってからだ。皇帝が若くして死んだ場合、その世継ぎが子供のまま皇帝を引き継ぐが、そうなると皇帝の側近を務める宦官《かんがん》や、妻であ

る皇后およびその家族たち（外戚《がいせき》）が実権を握ることにつながる。彼らは幼帝を意のままに操り、政治そっちのけで醜い権力抗争を行なった。これが繰り返され、後漢は成立から100年あまりで滅亡の危機に直面するのだ。

「天下の大勢は、分かれること久しければ必ず合し、合すること久しければ必ず分かれる」という『三国志演義』の書き出しには、歴史の理《ことわり》が凝縮されている。

世界遺産として名高い始皇帝陵の近くにある兵馬俑坑。始皇帝の生前から造営され、等身大の兵馬俑の数は8000体にも及ぶ。皇帝の力の大きさを今に伝える。

撮影◎上永哲矢

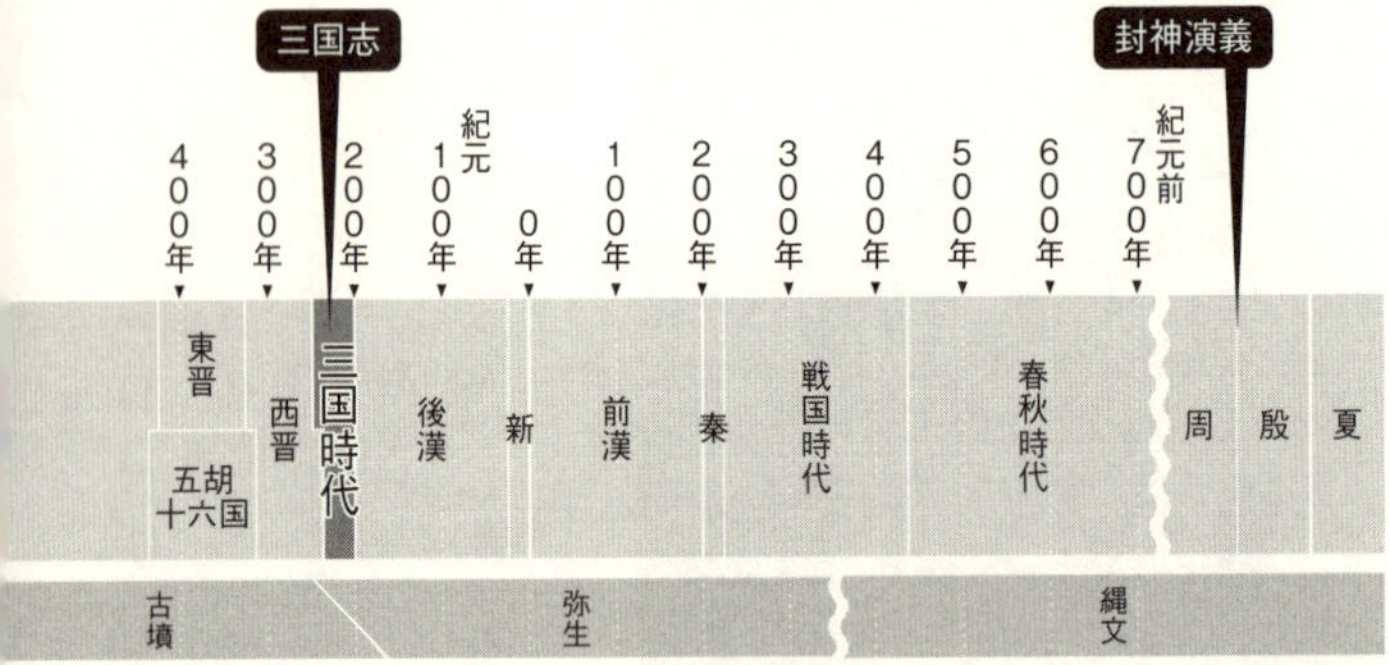


# 漢の歴代皇帝

## 前漢

1 高祖《こうそ》（劉邦《りゅうほう》）紀元前206年〜紀元前195年

2 恵帝《けいてい》（劉盈《りゅうえい》）紀元前195年〜紀元前188年

3 少帝《しょうてい》（劉恭《りゅうきょう》）紀元前188年〜紀元前184年

4 少帝《しょうてい》（劉弘《りゅうこう》）紀元前184年〜紀元前180年

5 文帝《ぶんてい》（劉恒《りゅうかん》）紀元前180年〜紀元前157年

6 景帝《けいてい》（劉啓《りゅうけい》）紀元前157年〜紀元前141年※1

7 武帝《ぶてい》（劉徹《りゅうてつ》）紀元前141年〜紀元前87年

（中略）

13 哀帝《あいてい》（劉欣《りゅうきん》）紀元前7年〜紀元前1年

14 平帝《へいてい》（劉衎《りゅうえん》）紀元前1年〜紀元5年

15 孺子《じゅし》（劉嬰《りゅうえい》）紀元5年〜8年、および紀元25年

## 中国の国家変遷と主な歴史小説の時代

伝説上の王朝・夏王朝から現在まで。日本の時代と照らし合わせると、
その長大さが分かる（年表中の小説名は舞台となった時代を指す）。

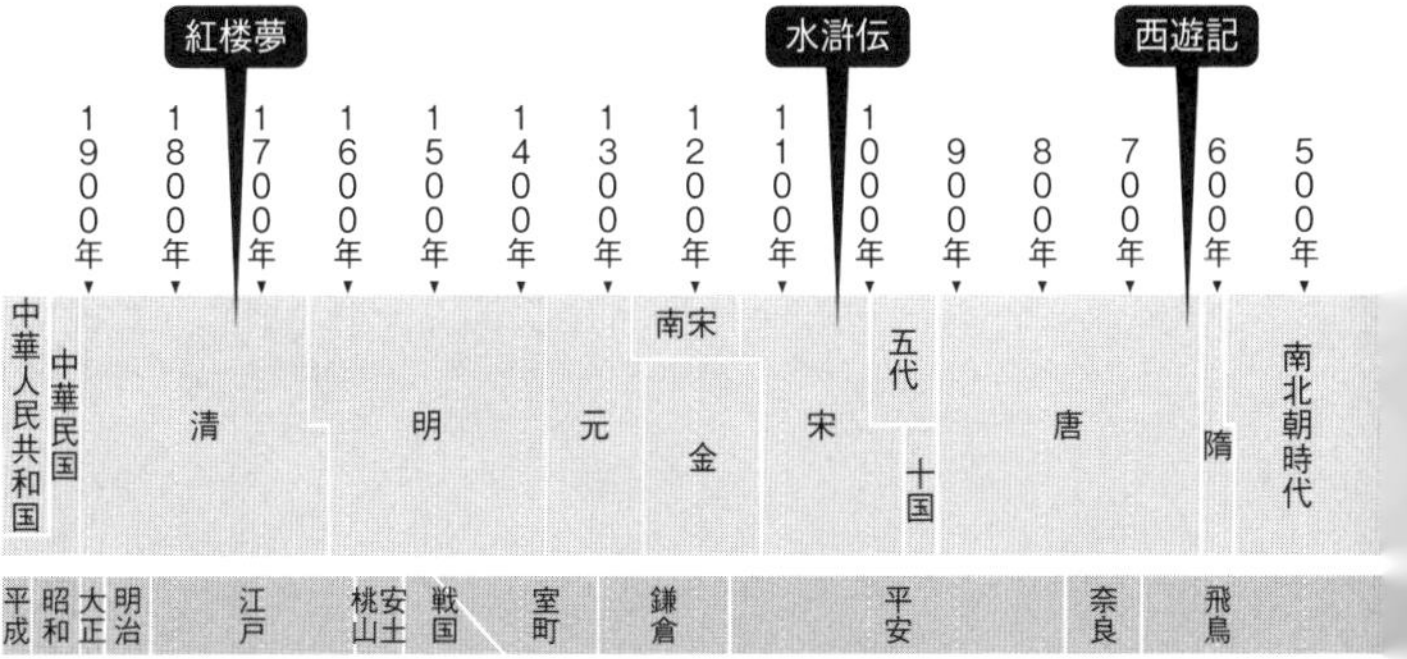


後漢

16　光武帝《こうぶてい》（劉秀《りゅうしゅう》）25年～57年※2

17　明帝《めいてい》（劉荘《りゅうそう》）57年～75年

（中略）

23　順帝《じゅんてい》（劉保《りゅうほ》）125年～144年※3

24　冲帝《ちゅうてい》（劉炳《りゅうへい》）144年～145年

25　質帝《しってい》（劉纘《りゅうさん》）145年～146年

26　桓帝《かんてい》（劉志《りゅうし》）146年～167年

※ここから三国志の時代へ

27　霊帝《れいてい》（劉宏《りゅうこう》）167年～189年

28　少帝《しょうてい》（劉弁《りゅうべん》）189年

29　献帝《けんてい》（劉協《りゅうきょう》）189年～220年※4

※1　劉備は彼の末裔と称した
※2　漢を再興（後漢）
※3　宦官が跋扈（皇帝が傀儡化）
※4　漢最後の皇帝（魏へ禅杖する）

※明帝以降、幼い皇帝が多く、
また短命に終わり、皇帝権力の
低下につながった。

## 黄巾党《こうきんとう》の勢力範囲

張角が率いる「黄巾党」の影響力は、中原（中国大陸の中心部）一帯、8州に及んだ。これを官軍の皇甫嵩らが討伐に出た。曹操や孫堅も討伐軍に参加している。いわゆる「黄巾の乱」の幕開けであり、漢という国が衰えゆくきっかけとなった。

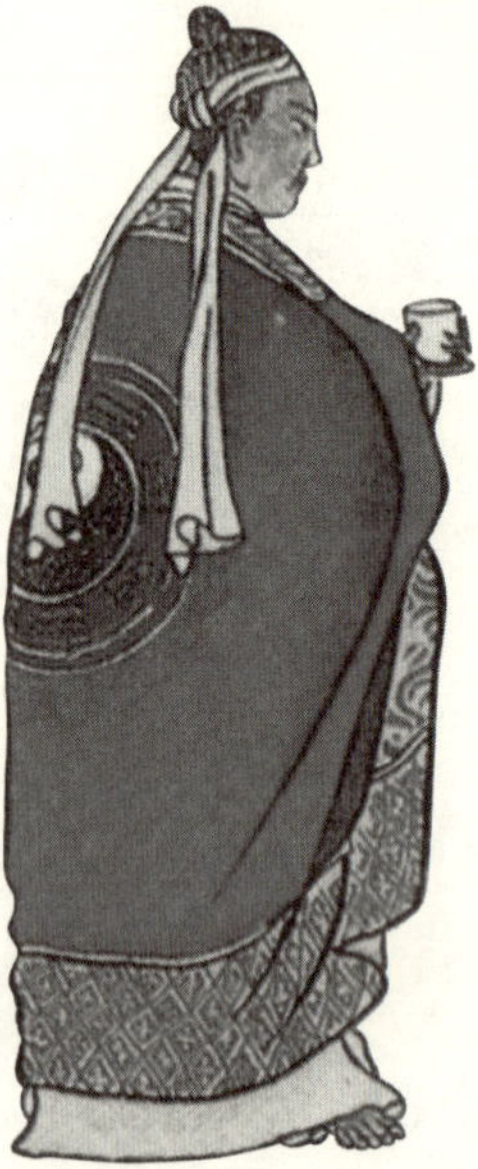

## 張角《ちょうかく》

?〜184（?〜光和7）

冀州鉅鹿郡（現在の河北省平郷県）出身。道教をアレンジした「太平道」を創始。「黄巾党」として組織化した。黄色を用いたのは、古くから黄色が尊い色とされたほか、陰陽五行思想からともいう。当時は儒教が隆盛していた。また仏教は前漢の哀帝の時代に、大月氏国の使者によってもたらされたと伝わるが、まだ定着していなかった。

184年

# 黄巾の民、世を動かす

## 民衆たちが期待をかけた救世主・張角の出現

時は漢の二十七代・霊帝《れいてい》の頃。都・洛陽の朝廷内では権力を持つ官僚たちが贅沢な暮らしをする一方、民衆は重税や相次ぐ天候不順に苦しめられていた。

皇帝の側に仕える宦官《かんがん》や外戚《がいせき》らは、官職を金で売買するなどの金権政治を横行させた。偉くなるために官は民から搾取する。富める者は富み、貧しい者はさらに貧しくなるといった世相であった。

乱れた世は、英雄や人傑を生む。かつても始皇帝や劉邦《りゅうほう》といった人物が大勢の人を動かし、世の流れを変えた。三国志の時代の幕開けも張角《ちょうかく》という人傑の出現によって引き起こされるのだ。

張角の出自は分からない。おそらく平民の出であろう。秀でた武勇や飛び抜けた知力があったわけでもない。あったとすれば憂国の思いと天性の徳であろう。

当時、于吉《うきつ》という道士がいた。于吉は神聖な水や御札（符水）を使って病を癒すという不思議な術を会得していた。その于吉が持っていた神書を、張角はなんらかのきっかけで手にする。彼は一心不乱に勉強し、やがては于吉と同じような「まじない」を始める。すると張角に接した多くの人が病や苦しみから救われた。困窮していた人々は、いつしか張角のまわりに集まるようになり、彼らは「信者」となっていく。それはやがて数万人、数十万人に及ぶ宗教勢力となった。

「蒼天《そうてん》すでに死す、黄天《こうてん》まさに立つべし。歳は甲子《かっし》に在りて、天下大吉」すでに死んだ蒼天（現世）に代わり、この甲子の年に世直しをしてみせよう。黄色い天を担い、自分たちが抱く理想の世にしよう。

張角は、そうしたスローガンを使って信者たちを結束させる。また結束の証として、黄色い布を身につけさせた。これが「黄巾党《こうきんとう》」と呼ばれる所以《ゆえん》である。

張角は弟の張宝《ちょうほう》と張梁《ちょうりょう》をはじめ、有能な部下を各地へ派遣、信者を武装させて決起を促した。時に中平元年（１８４）、「黄巾の乱」の始まりである。

「民」の集まりである黄巾党の怒りは、まず各地方の役所にぶつけられた。贅沢な役所の建物を壊し、私腹を肥やす役人を殺して憂さを晴らした。むろん、めざすは漢の都の洛陽に住まう皇帝（霊帝）であった。

## 張角、病死して「黄巾の乱」治まる

天公将軍を名乗った張角は、いまや36万人にも及ぶ「黄巾軍」の首領であった。この事態に当初は呑気に構えていた朝廷も慌て出す。霊帝は、自分の妻（何《か》皇后）の兄である何進《かしん》を召し寄せて大将軍に任命。首都・洛陽の防備を固めさせる一方、軍人の皇甫嵩《こうほすう》や盧植《ろしょく》に数万の兵を与えて官軍を組織し、黄巾党討伐に向かわせた。当初、黄巾党の勢いは凄まじく、官軍は苦戦に陥った。しかし、正規の軍隊である官軍の足並みが揃い、援軍も加えての大反攻に転じてからは形勢が変わった。元々、力のない民衆の寄せ集めに過ぎない黄巾党の軍勢は押されはじめた。巻き返しが期待されたが、時すでに遅かった。首領・張角が病死したのである。

絶対的指導者を失った黄巾党は瓦解し、「黄巾の乱」は鎮圧された。だが、一度燃え広がった「乱」の火は、なかなか消えない。漢帝国の衰えが露呈し、力を持つ各地の諸侯が動き出すきっかけを、この「黄巾の乱」が与えたのである。

184年頃

# 劉備、旗を挙げる

## 貧しい家に生まれるも大器の片鱗を見せた

高祖・劉邦《りゅうほう》から続いた、漢の皇帝の姓は「劉」であった。劉邦の孫にあたる劉啓《りゅうけい》（第六代・景帝）は善政を行い、漢の基盤を整えた名君として知られた。その子に劉勝《りゅうしょう》（中山靖王《ちゅうざんせいおう》）という人物がいたが、彼は酒と女を愛し、子孫を120人以上もつくったと伝わっている。

そのため、中山靖王の子孫は各地に伝わり、「劉」姓を持つ家の多くは彼の末裔ではないか？　とも噂されたほどだ。中山靖王が没してから250年あまり、後漢の延熹《えんき》4年（161）、幽州《ゆうしゅう》の涿郡《たくぐん》という田舎町の劉家にひとりの男子が生まれた。姓は劉《りゅう》、名は備《び》。字《あざな》を元徳《げんとく》（字とは成人になってから付けた通称）という。

「おれは、きっとこんな羽飾りのついた車に乗ってやるんだ」

幼い頃、大きな桑の木の下で、劉備はそんなことを言いながら近所の子たちと遊び、叔父に叱られるのが常だった。その桑の木は、まるで皇帝が乗る車の幌《ほろ》のように見えたからである。

若くして父（劉弘《りゅうこう》）が亡くなったために、劉備の家は貧しく、母とともにムシロをあみ、ワラジ売りをして生計を立てていた。元は祖父も父も豪族であり、地方役人として名が通った人であったが、劉備の代には一介の商人同然にまで身を落としていたのである。だが、「この子は並の人間ではない」と、一族の中には劉備に期待し、学費を援助する者もいた。

大柄な身体を美しい服で整え、喜怒哀楽を滅多に表さない。そんな泰然とした、独特の風格を持った彼のもとには、たくさんの若者たちが集まってきた。

その若者たちの中心にいたのが、関羽《かんう》と張飛《ちょうひ》だ。恐ろしいまでの武勇の持ち主で、後に「関羽と張飛は1万人を相手にできる」と評されるようになる豪傑たちである。劉備はこの両名と非常にウマが合った。兄弟同然の仲になり、夜は同じ寝台で眠ることもあったという。こうした正史の記述をもとに、小説『三国志演義』では、この3人が生死を共にしようと誓う「桃園《とうえん》の誓い」のエピソードが描かれている。

## 黄巾の乱が発生し義勇軍を旗揚げする

中平元年（１８４）、「黄巾の乱」が発生すると、朝廷は各地に高札を立てて黄巾党討伐の義勇兵を募った。

「漢のために役に立ちたい。黄巾の賊徒から帝を救いたい」と、劉備もこれに手を挙げた。この時24歳。もちろん関羽と張飛も随行し、以後は劉備の護衛官として行動をともにする。そんな中、ある豪商が劉備に惚れ込んで、軍資金をたっぷり援助したことで、さらに多くの若者を集めるだけの金が入り、劉備は傭兵隊の親玉といったような立場となる。

劉備の部隊は、朝廷から派遣された鄒靖《すうせい》将軍に従って戦場へ赴き、功績を重ねた。その一方で、劉備はある戦闘で負傷し、危うく命を落としかけたこともあった。咄嗟《とっさ》に死んだ真似をし、敵軍が去った後で味方に救われ命拾いをしたという。一歩間違えば、後の蜀漢の皇帝はここで死んでいたのである。

そのような危機を乗り越え、劉備は安憙県《あんきけん》あるいは平原国《へいげんこく》といった地方都市の長官に任命された。元手がほぼゼロに近い状態から旗揚げした劉備は、こうして乱世に第一歩を刻んだのである。とはいえ、天下に名乗りを挙げるには兵も財も不足しており、力不足であった。任地に督郵（監察官）が来た時、その傲慢な態度に腹を立て、杖で打ちすえるなど、血気盛んな性格も当初は災いした。劉備が群雄のひとりとなるのは、これより10年ほど後のことである。

美しい髯を生やした
忠義心溢れる豪傑

**関羽《かんう》（雲長《うんちょう》）**

生年不明〜219年
出身地：河東郡解県（かとうぐんかいけん）

張飛とともに劉備を支え、3人は兄弟以上の仲だった。その美しい髯（ひげ）から、諸葛亮は「髯どの」と呼んだ。袁紹の大軍に突進して顔良（がんりょう）の首を持ち帰り、麻酔なしでヒジの手術を受けるなど、まさに豪傑を絵に描いたような存在。ただ、関羽は剛情で自信過剰、張飛は乱暴で情を持たないという欠点があったと正史にはある。

一万人に匹敵する
絶大な武の持ち主

**張飛《ちょうひ》（益徳《えきとく》）**

生年不明〜211年
出身地：涿郡（たくぐん）

『三国志演義』では、字を翼徳（よくとく）といい、虎のようなヒゲを顔中に生やし、大酒飲みの暴れん坊として描かれる。意外にも、正史には張飛が酒飲みであったことや、風貌に関する記述はない。しかし「一万人を相手にできる」として恐れられていたのは事実で、魏の張郃（ちょうこう）をも知略で破った記録があり、その実力は抜群だった。

**桃園《とうえん》の誓い**　三國志之内　桃園義結図（歌川国芳）　個人蔵

画・菊馳さしみ（北伐）

漢帝国の復興を志した蜀の初代皇帝

## 劉備《りゅうび》（玄徳《げんとく》）

161～223年
出身地：涿郡涿県（たくぐんたくけん）
所属：公孫瓚→陶謙→独立→呂布→曹操→袁紹→劉表→蜀の君主

現在の北京に近い幽州（ゆうしゅう）の涿郡（たくぐん）に生まれ、24歳の時に漢帝国の復権をかけて旗揚げしたが、拠るべき地盤すらなかなか持てなかった。荊州に身を落ちつけるまでは曹操、袁紹、公孫瓚（こうそんさん）、陶謙（とうけん）、劉表（りゅうひょう）など名だたる群雄たちのもとを転々としたが根なし草ながら、どこへ行っても歓迎された。同じような境遇にあった呂布とは対照的だった。

それは中山靖王（ちゅうざんせいおう）の末裔とされる血筋の良さもあるが、指導者として最大の強みである「徳」があったことに尽きる。「若者たちは争って劉備に近づこうとした」という正史の記述からも分かるように関羽、張飛、趙雲（ちょううん）といった優れた武将が命を懸けて仕えたいと願うほどの徳が多くの人を惹きつけ、彼を蜀漢（しょっかん）の皇帝へと導いたのだ。

189年〜190年

# 帝都に君臨する暴君・董卓

## 時の皇帝が病死して混迷を極める都・洛陽

「黄巾《こうきん》の乱」が鎮圧された後も、民の暮らしが変わることはなかった。洛陽の城内が平穏になったかといえば、ほとんど影響がないばかりか、朝廷では権力闘争が相も変わらず続いていたのだ。

ただ、帝である霊帝《れいてい》は危機感を抱いていた。「黄巾の乱」のような騒ぎが起きた時に慌てずに済むよう「西園軍《さいえんぐん》」という皇帝直属の部隊を組織し、有事の際にいつでも出動できるように配備した。また全国の州に牧《ぼく》という特別な権限を持った地方官を派遣し、治安の回復を図ろうとしたまでは良かった。

しかし、そんな矢先の中平6年（189）、霊帝は34歳の若さで病死してしまうのである。さらに不幸なことに後継者を明確にしていなかったため、長子の劉弁（17歳）と、次子の劉協（9歳）との間で跡目争いが起きてしまった。

そうした中、大将軍の何進《かしん》は、妹・何皇后《かこうごう》が生んだ劉弁を次期皇帝に即位させた（漢の二十八代・少帝《しょうてい》の誕生）。そして、そのまま実権を握ろうとしたが、復権を狙う宦官《かんがん》グループに謀殺されてしまう。すると、その刹那、何進の部下であった袁紹《えんしょう》や袁術《えんじゅつ》らが城内へ押し入って何千人といる宦官の皆殺しを図った。「大将軍の仇討ち」という名目もあったが、彼らは日頃から宦官の専横を憎んでいたのだ。

阿鼻叫喚、地獄絵図と化した城内から、いち早く劉弁・劉協兄弟を連れて一部の宦官たちが脱出する。そこへ偶然出くわしたのが、西の涼州出身の豪族・董卓《とうたく》であった。彼は何進に招かれ、宦官を一掃するために洛陽へ乗り込もうとしていたのだ。

董卓は、供の宦官たちを殺害して劉弁、劉協兄弟を保護すると、そのまま洛陽へ入城を果たす。数千の軍勢を率い、皇帝とその弟を連れてきた董卓に、誰も逆らうことができなかった。

## 皇帝を独断で取り替える前代未聞のふるまい

董卓は洛陽へ入ると、いきなり皇帝・劉弁を廃位させ、弟の劉協を即位させる。第二十九代・献帝《けんてい》の誕生だ。聡明ながら、まだ9歳の皇帝である。地方豪族あがりの男が皇帝を独断ですげ変えるという前代未聞の出来事だった。当然、反発が起きたが、まともに太刀打ちができる者はいなかった。董卓自身、恐るべき怪力を誇る剛の者であり、刺殺しようと迫って来た官僚をものともせず取り押さえたこともあった。加えて呂布《りょふ》という天下無双の豪傑を近侍させるようになり、容易に近づくこともできなくなったのだ。

かくして董卓は献帝を傀儡《かいらい》とし、朝廷の最高位である相国《しょうこく》の座に就いて権勢を意のままにした。ある村で祭りがあったとき祭りに参加していた男たちを皆殺しにし、女たちを奪って連れ帰り、兵たちに分け与えるなどの暴挙を行なった。

暴逆ぶりに憤った袁紹、袁術、曹操《そうそう》といった官僚たちは洛陽を出て郷里に帰り、「反董卓」の兵を挙げようと決意。檄文《げきぶん》を発して賛同者を募ると、各地の豪族たちが決起。時に初平元年（190）正月、いわゆる「反董卓連合軍」が成立し、董卓包囲網が敷かれたのであった。

※宦官とは……後宮（皇帝の私的な住まい）に仕える男性。ただし、後宮の女性たちと関係を持たないよう去勢された。皇帝のそばにいるため、政治に関与することも多く、絶大な権力を持つ者もいた。

献帝を擁立して
洛陽に君臨した魔王

## 董卓《とうたく》(仲穎《ちゅうえい》)

生年不明～192年
出身地：隴西郡臨洮県(ろうせいぐんりんとうけん)

ちょうどシルクロードの出入口に位置する隴西の生まれで、若くして西方の異民族(羌族/きょうぞく)と親しく交流し、その顔役たちに慕われていた。

朝廷から受け取った褒美をすべて部下に分け与えるなど気前も良かったようである。生まれつき腕力が非常に強く馬術に秀で、馬を走らせながら左右両方に弓矢を射ることができたという。

洛陽へ入る前、涼州での反乱軍討伐の指揮をとっていたが旗色が悪く、その援軍として孫堅がやってきた。董卓は上官の命令に従わなかったため、それに怒った孫堅が董卓を処刑するように進言した一幕があり、以来、孫堅とは因縁浅からぬ仲であった。

献帝(けんてい)を保護して洛陽に入った時、董卓の兵は3000程度しかいなかった。そこで、夜になると密かに兵を城外へ出しておき、翌朝に城へ戻し、軍勢が続々と入城しているかのように見せかけた。洛陽の人々は董卓軍が無数にいると信じ込んだというから、かなり知恵も働いた(九州春秋)。

その暴政ぶりで悪評が多いが、実際には知識人を積極登用して人心を集め、当時を代表する学者・詩人であった蔡邕(さいよう)を重用した。董卓が死んだとき、蔡邕は嘆き悲しんだと記される(後漢書)。また同じく、焼かれた董卓の骨を拾い集めて埋葬する兵もいたことから、彼を慕う人は少なかったわけではないようだ。

曹操の保護を受け
延命した漢最後の皇帝

## 献帝《けんてい》

181～234年
出身地：河南郡洛陽県(かなんぐんらくようけん)

本名・劉協。9歳の時、董卓によって擁立された皇帝。その後は曹操に保護されて許昌に住むが、政治の実権は曹操に握られ続け傀儡として過ごす。後に曹操の娘・曹節(そうせつ)を妻とした。220年、曹丕に帝位を譲り「後漢最後の皇帝」となったが、後漢では最も長い31年の在位期間を持つ。奇しくも諸葛亮とは生没年が同じ(54歳)。

190年〜192年

# 董卓、堕つ

## 各地の有力者が結束、董卓に戦いを挑む

中平6年（190）、袁紹《えんしょう》を盟主とする各地の有力者たちが兵を挙げ、董卓《とうたく》討伐の軍を一斉に起こす。その中には兵力こそ少ないながらも、「反董卓」の首謀者といえる曹操《そうそう》、南方の新興勢力として功績を立て続けていた孫堅《そんけん》の姿もあった。

これに対し、董卓も洛陽防衛の兵を挙げたが、将軍の呂布《りょふ》と胡軫《こしん》が反目しあい、敗退を重ね、部下の華雄《かゆう》までが討たれた。華雄を討ったのは、孫堅軍であった。孫堅は勢いに乗り、洛陽へと攻めのぼる構えを見せる。実は、戦っていたのは曹操や孫堅など一部の軍だけであったが、全国の諸侯による包囲網は董卓に相当なプレッシャーを与えたようだ。

董卓は孫堅に講和を持ちかけるも一蹴されたため、洛陽を捨てて西の長安への遷都を決意する。献帝《けんてい》を連れての大がかりな引っ越しである。連合軍に洛陽を占拠される

ことを避けるため、董卓は去り際にすべての財宝を持ち去り、街に火を放って焼き尽くした。漢帝国400年の都が焼かれ、人々は大いに嘆いたという。

連合軍も兵を退いて解散し、ひとまず大乱は収まったが、長安へ遷都した董卓は皇帝以上の権勢を振るい、その暴虐ぶりは、ますますエスカレートする。

朝廷の忠臣たちも洛陽から長安へ付き従い、董卓の顔色を窺いながら献帝に忠誠を尽くし、政務に打ち込んでいた。

## 憂国の士が立ち上がり、呂布に計画を持ちかける

献帝が健在である以上、見放すわけにはいかない。その思いを胸に、董卓の排除を企てたのが、王允《おういん》という人物だった。王允は董卓に信用され、司徒《しと》という朝廷の要職にはあったが、独力ではとても不可能だ。

そこで董卓の側近である呂布の存在に目をつけた。ふたりはともに并州《へいしゅう》出身で、何かとウマが合ったようだ。王允にとって都合のいいことに、呂布は董卓の侍女と密通しており、関係がばれることを恐れていた。また、日常のちょっとしたことで怒った董卓に戟《げき》（武器）で殴られそうになり、それを恨みに思っていた。

王允から「董卓殺害」を唆された呂布は機会を窺う。そして、「その時」は意外と早く訪れる。平初3年（192）4月、宮廷の行事で董卓が門を入ったところ、そこに兵が待ち受けていた。足止めされ、うろたえた董卓は呂布の名を呼ぶ。

呂布はその声に応え進み出るが、振りかえりざま「これは天子（皇帝）の意志だ」と叫び、刀を抜いて董卓に斬りつけた。

こうして董卓は倒れた。首のない亡骸は市場でさらされ、夜になると見張りの役人が、その身体のへそに灯火を置くと、ちょうど巨大なロウソクのようになり、何日も灯火が消えなかったという。

董卓が死んで一難去るかと思いきや、さらなる災いが待ち受けていた。涼州から董卓の部下、李傕《りかく》らが10万人以上もの大軍を率いて長安へ押し寄せたのである。呂布は応戦したが多勢に無勢で敗れ、長安を脱する。王允は進退きわまった末に李傕と会見するも首をはねられた。

かくして新都・長安と献帝は李傕らの手に落ち、彼らは董卓以上の暴政を振るった。それどころか、同僚同士で互いに争いを始め、都の治安は大いに乱れた。食糧の値段は高騰し、民衆は困窮、白骨が街中に散乱するという有様になったのである。

画・雲才（東雲楼）

## 戦乱の世を騒がせた後漢最強の猛将

### 呂布《りょふ》（奉先《ほうせん》）

生年不明～198年
出身地：五原郡九原県（ごげんぐんきゅうげんけん）
所属：丁原→董卓→袁紹→独立

現在のモンゴル南部に位置する五原郡に生まれ、当代随一の武勇を誇った猛将。騎馬民族の血を宿していたであろう彼は、抜群の膂力（りょりょく）を有し、騎兵の扱いや弓の腕前に長け「飛将（ひしょう）」と呼ばれた。特に『三国志演義』では、劉備・関羽・張飛の3人が同時に打ちかかっても倒せないほどの圧倒的な武技を見せる。正史「呂布伝」に引用された『英雄記』には、猛将の郭汜（かくし）に「軍勢を下げよ。一対一で勝負しよう」と一騎打ちを挑み、見事に勝利したとある。力と力の争いでは無類の強さを発揮したが頭脳戦になると脆さを見せ、特に曹操軍の戦術に翻弄され続け、最後は水攻めによって敗れ処刑されてしまう。中国の京劇や映像作品では美女・貂蝉（ちょうせん）の相手役として色男に描かれることも多く、強さの裏に儚さを持った武将として一定の人気を誇る。

**192年～196年**

# 曹操、檜舞台に立つ

## 宦官の子孫として世に出た男が急速に台頭

曹操《そうそう》は、後漢の朝廷で権勢を振るった宦官《かんがん》・曹騰《そうとう》の孫である。もちろん、男子のシンボルを取り去った宦官に、子をもうけることはできない。よって曹操の父・曹嵩《そうすう》は別の家から曹騰の養子に入り、そのコネを利用して高級官僚になった。

金持ちの「どら息子」であった若き日の曹操は我がままで、その放蕩ぶりには限度がなく、彼を評価する人はほとんどいなかったという。だがその一方で、「乱世を救えるのは、一世を風靡する才を持った者だけだ。天下をよく安んずるのは君である」と評価する人もいた。

曹操は20歳になると洛陽城の北門を監視する役に就いたが、夜間の通行禁止などの規則を破った者は、どんなに偉い人物であっても容赦なく取り締まり、時には棒打ちの罰で殴り殺した。それを恨み、曹操を陥れようとする動きが出たが、彼は付け入る隙を見せなかったという。

「黄巾の乱」（184年）の時に30歳を迎えた曹操は初めて戦場へ出て、黄巾党鎮圧に大いに貢献する。その後、西園八校尉《さいえんはちこうい》という霊帝直属の部隊長のひとりに選ばれるなど霊帝の覚えもめでたかった。

やがて洛陽に董卓《とうたく》が乗り込んでくると、董卓に重用されそうになるが、彼はそれを嫌って郷里の豫州《よしゅう》へ去った。

初平元年（190）、幼なじみで都の同僚でもあった袁紹《えんしょう》が盟主となり、「反董卓連合軍」が成立し、曹操も参加する。董卓軍との睨み合いが続くなか、曹操は果敢に戦いを挑み、董卓配下の将軍・徐栄《じょえい》と交戦。大敗を喫するも粘り強く戦い、戦線に踏みとどまった曹操は、ここでも名を馳せた。

事実、その後に曹操の名声と才気を慕い、多くの人材が集まり始めた。また、この時期、東の青州《せいしゅう》にいた黄巾の残党たちが活発な動きを見せたため、曹操は献帝《けんてい》の命令を受け、その討伐に向かう。

相手は非戦闘員を含め、130万人を数える大規模な勢力であったが、曹操は数千の精鋭を指揮して勝利を積み重ね、黄巾軍の戦意を徐々に奪っていき、ついには降伏に追い込んだ。

黄巾党は、元々は民衆である。曹操は彼らに救いの道を差し伸べて心服させた。その中から精鋭を選んで自分の軍に加え、兵力の大幅な増強にも成功した。

これに前後して董卓が呂布《りょふ》に殺され、天下はさらに乱れる。長安に残された献帝と忠臣たちは、新たな支配者となった李傕《りかく》の暴政から逃がれ、元の都・洛陽へと亡命した。しかし、董卓によって焼かれた洛陽は焼け野原であり、献帝の宮殿はおろか、食べるものすらない有様だった。

この事態を救ったのが曹操であった。軍師・荀彧《じゅんいく》の勧めに従い、曹操は献帝を保護すると、自らの本拠地としていた許（許昌《きょしょう》）へ迎え入れた。時に建安元年（196）正月のことだ。これにより曹操は献帝の威光と大義名分を手に入れる。曹操が討伐戦を起こす場合は、すべて「漢の皇帝の勅命」のもとに兵を発することができるようになり、諸侯より一歩先んじる存在に踊り出たのである。

一方で、曹操は献帝の威光を借りながらも、その保護者として献帝以上の権勢を誇るようになる。許昌は曹操の領地でありながら、漢の都でもあるという矛盾が生じ、献帝（漢）に忠節を尽くす官僚らは曹操への反感を募らせていくことにもなった。

## 197～198年頃の勢力図

董卓が倒れた後、連合軍は分裂状態となる。まず、袁紹と袁術が名門・袁家の当主の座をかけて争い始めた。袁紹には曹操や劉表などが味方し、袁術には孫策や公孫瓚がついた。しかし、それが次第に崩れ、曹操や孫策が独立。群雄割拠の状態となった。豫州で旗揚げした曹操は献帝を保護した後、李傕らを討伐して洛陽や長安を奪取。その間も呂布・張繍・袁術など多くの敵と交戦した。

曹操が献帝を迎え入れる場面。当時、献帝の生死は不明で、漢を見限る者も現れていた中、曹操は献帝に忠義を尽くし支持された。

許昌・曹丞相府にて写す　撮影◎上永哲矢

## 多彩な顔を持った曹魏の創始者

**曹操《そうそう》(孟徳《もうとく》)**

155〜220年
出身地：沛国譙県(はいこくしょうけん)
所属：後漢→独立
魏の君主

宦官の養子の子として生まれたエリート官僚の出身。最初は少ない兵力しか持たなかったが、黄巾討伐や董卓軍との戦いで勇敢な戦ぶりを世に知らしめ、頭角を現した。徹底した実力主義者であり、優秀な人材とみるや身分や家柄、過去の行ないにこだわらず才能のみを重視する当時は珍しい方針をとった。詩人としても名を知られ、『文選(もんぜん)』に収録される「短歌行」は特に有名。息子の曹丕や曹植と共に建安文学を花開かせた。その一方で軍人らしく兵法書『孫子』に注釈を入れ、それが「魏武注孫子(ぎぶちゅうそんし)」として現在にも伝わる。正史に引用される『曹瞞伝(そうまんでん)』によれば、軽佻浮薄(けいちょうふはく)な人柄で威厳がなかったという。宴会にて上機嫌で大笑いした時は頭を杯や碗の中に突っ込み、頭巾をひどく汚してしまうという、お茶目な一面を持っていた。

194年～
199年

# 呂布、袁術共に倒れる

## 抜群の武勇を誇る呂布も頭脳戦で曹操に敗れる

董卓《とうたく》を討った呂布《りょふ》は長安を脱出すると、最初に袁術《えんじゅつ》を頼る。しかし、袁術は歓待こそしたものの呂布を自分のもとへ留め置かなかった。「主君殺し」の汚名を持った呂布を側に置けば、自分の身が危うくなると考えたのだろう。

呂布は次に河北へ行き、袁紹《えんしょう》を頼った。袁紹は呂布の来着を喜び、さっそく交戦中であった黒山賊《こくざんぞく》の張燕《ちょうえん》を討伐するよう頼んだ。1万の精鋭を率いて暴れまわる黒山賊に対し、呂布の手勢は数十騎に過ぎなかったが、その軍才と武勇を遺憾なく発揮し、ついに黒山賊を打ち破った。

「人中に呂布あり、馬中に赤兎《せきと》あり」と、人々は呂布の武勇を讃えたという（赤兎とは呂布の愛馬のこと）。だが、袁術と同じく袁紹は呂布を疑い始め、刺客を送って殺害しようとする。

呂布は河北を離れた。その後、行きついた先は曹操《そうそう》の領地・兗州《えんしゅう》である。そして興平元年（１９４）、曹操が徐州へ出兵している隙に、兗州を乗っ取ってしまった。これは曹操に反感を持っていた陳宮《ちんきゅう》らの手引きであった。

曹操が慌てて戻ってくると、呂布は待ち伏せして完膚なきまでに撃破する。逃げ遅れた曹操を斬り殺す寸前まで追い込むも、トドメは刺せなかった。その後、巻き返しに出た曹操と1年以上も激戦を繰り広げた結果、兵法・戦術で上を行く曹操に破られ、呂布は徐州へ逃走した。

そのとき、徐州は劉備《りゅうび》が新たな支配者になっていた。呂布は劉備に迎え入れられたが、両雄の仲は次第に悪化し、争いの末に呂布は劉備を徐州から追い出した。劉備は曹操の援助を受け、徐州の小沛へ戻ったが、呂布がこれを攻めたため、曹操は本格的に呂布討伐へと乗り出す。

呂布は袁術と組んで曹操に対抗しようとしたが、袁術は援軍を送らず傍観を決め込む。呂布は敗戦の末、徐州の下邳《かひ》城へと追い込まれた。籠城により長期戦となり、曹操は兵の疲労を理由に撤退を考えたが、軍師・郭嘉《かくか》らの助言によって戦いを続行し、水攻めで呂布を追い込んだ。呂布も籠城戦では得意の騎兵が生かせず、開城は時間の問題となる。

建安3年（198）、ついに裏切り者が出て軍師・陳宮が縛り上げられ、呂布は観念し投降するも処刑されてしまった。

## 帝位を僭称した袁術、人望を失って自滅

呂布が倒れ、慌てたのは袁術であった。呂布と組んでいれば、十分に曹操にも対抗できたが、単独で抗する羽目になったのである。強大な兵力を有していた袁術は、その前年（197年）漢の献帝《けんてい》が無力化したと判断し、自ら「皇帝」を名乗った。だが曹操のもとに献帝は健在であり、それを認める諸侯はいなかった。

その結果、周辺勢力や孫策《そんさく》など配下の武将たちは次々と袁術を見限った。人望を失い、曹操との戦いでも敗戦を重ねた袁術は、兄貴分の袁紹を頼っていこうと北上する。しかしその途中、心労から病にかかり、あっけなく世を去った。

袁術の最期は壮絶であった。すでに飢えをしのぐ食糧もなく、かつての栄華からの凋落ぶりを嘆き、2リットル近くもの血を吐いて世を去ったという。呂布も袁術も名だたる後漢の英雄であったが、戦乱の荒波に呑まれ、ついに淘汰されたのである。

190年～199年

# 孫堅・孫策親子、二代の戦い

## 戦の天才・孫堅が董卓軍を遷都に追い込む

「あの海賊どもを討伐してみせます！」

父親との船旅の途上、若者はそう叫ぶと岸に駆け上がり、刀をかざして大軍を指揮するようなそぶりを見せた。それを見た海賊たちは動揺して逃げ散り、若者はやすやすと親玉の首をとってきた。

その生涯を戦闘に捧げた孫堅《そんけん》17歳の頃の逸話である。この一件で地元の揚州呉郡《ごぐん》（現在の浙江省《せっこうしょう》）では一躍有名になり、地方の警察隊を率いる立場となった。

中平元年（184）になり、「黄巾の乱」が起きると、漢の将軍・朱儁《しゅしゅん》のもとへ馳せ参じ、自ら先陣を切り、城壁を登って敵の拠点を奪うなど、事実上の主力軍として目覚ましい活躍を見せた。

それから5年が過ぎ、董卓《とうたく》が洛陽を占領して権勢を振るい始める。諸侯は決起して

「反董卓」の兵を挙げた。当然ながら孫堅もこれに参じ、袁術《えんじゅつ》配下に与して、その急先鋒となって兵数万を率い北上する。

初戦では董卓軍に敗れ、危うく命を落としかけたが、すぐさま反攻をしかけ、「陽人《ようじん》の戦い」では董卓の部下、華雄を討ちとる戦果を挙げた。連合軍の多くが積極的に戦わないなか、孫堅は快進撃を続け、ほぼ単独で董卓軍を圧倒した。

その勢いを恐れ、董卓は洛陽を焼き払って長安へ遷都を敢行する。孫堅は、ただちに洛陽へ入ったが、漢の都は一面の焼け野原と化し、もはや城としても使い物にならない。孫堅はやむなく董卓軍に暴かれた歴代皇帝の陵墓を修復し、袁術のもとへ帰還せざるを得なかった。

## 孫堅が戦場に散り、息子・孫策が志を継ぐ

初平2年（191）から翌年にかけ、袁術は自分と敵対する荊州《けいしゅう》の劉表《りゅうひょう》を攻撃。袁術の命令を受けた孫堅は劉表の本拠地・襄陽城《じょうようじょう》へと迫ったが、劉表軍の武将・黄祖《こうそ》を追撃していた最中、敵が放った矢を受け、あっけなく絶命した。

孫堅の配下と残兵たちは号泣しながら袁術のもとへ帰還する。孫堅には18歳の息

子・孫策《そんさく》がおり「父の仇を討つ」と息巻くも部下たちに押しとどめられ、袁術のもとで力を蓄えることになった。

興平元年（194）、孫策はいよいよ立ち上がる。袁術に兵1000を借り受け、黄蓋《こうがい》、韓当《かんとう》、程普《ていふ》といった父の忠臣たちも従えて江東（揚州）地方の制圧へと乗り出したのだ。名目上は、袁術軍の江東への勢力拡大だった。しかし、江東には故郷・呉郡がある。孫策は、ここを拠点に孫家再興を実現しようと東へ下った。孫策は父の軍才を受け継いでおり、戦場では連戦連勝、すさまじい勢いで勢力を広げていく。

名門・周家の出身で親友の周瑜《しゅうゆ》が兵を連れて合流するなど、父祖の地であるだけに孫策を歓迎する者は多かった。それらを味方につけ、孫策は快進撃を続ける。

慌てたのは主君・袁術であった。孫策の勢いがあまりにも凄まじいため、一族の袁胤を江東へと派遣し、支配力を及ぼそうとした。だが、孫策はこれを追い出して袁術からの独立を宣言する。袁術は皇帝を僭称《せんしょう》して諸侯からの信望を失っており、孫策も彼をついに見限ったのだ。

そして袁術が倒れた建安4年（199）までに江東一帯をほぼ制圧し、わずか数年で曹操や袁紹といった群雄を脅かすほどの存在にまで昇ったのである。

戦いに生涯を捧げた孫呉の生みの親

**孫堅《そんけん》（文台《ぶんだい》）**

156～192年
出身地：呉郡富春県（ごぐんふしゅんけん）
所属：朱儁→張温→袁術

孫家は春秋時代の兵家「孫武（そんぶ）の末裔」といわれるがその出自は謎に包まれている。しかしその「売り文句」が真実に思えるほど戦には強かった。黄巾賊討伐に始まり辺境の反乱軍鎮圧、董卓討伐戦などでいずれも無類の強さを発揮、ほぼ負け知らずだった。「忠義と勇壮さを備えた烈士」「性急な様が死を招いた」と正史では評される。

父の才能を受け継ぎ呉の基盤を江東に築く

**孫策《そんさく》（伯符《はくふ》）**

175～200
出身地：揚州呉郡富春県
所属：袁術→独立

孫堅の長子で、孫権の兄。父の死後は袁術の元へ戻ったが、独立を狙って江東へ赴き勢力を拡大。後の「孫呉」の基盤を築き上げた。「その勢いは項羽に似る」と評された。江東平定中、劉繇（よう）の部将である太史慈と出くわし、一騎討ちを行ない引き分けている。正史での一騎討ちの数少ない描写であり、相当武勇に長けていたことを窺わせる。

### 孫策の快進撃と勢力拡大

孫堅の領地は荊州にあった（191年）が、急死により失った。孫策は袁術より兵を借り、揚州へ進出し、数年で江東（長江の東側）一帯を制圧する。

200年

# 両雄、官渡で決戦す

## 周辺勢力を掃討し黄河を挟んで対峙

献帝《けんてい》を保護して許（許昌《きょしょう》）に迎え入れた曹操《そうそう》は、建安4年（199）までに兗《えん》州・豫《よ》州・司隷《しれい》・徐《じょ》州の4州を統一し、中原《ちゅうげん》の南部（河南）を制圧するにいたる。

だが、それ以上に強大な勢力を誇る名族が黄河の対岸にいた。袁紹《えんしょう》である。同じ建安4年、袁紹は公孫瓚《こうそんさん》を滅ぼし、冀《き》州・青《せい》州・并《へい》州・幽《ゆう》州の4州（河北）を手中にしていた。董卓の存命時から袁紹の名声は天下一であり、連合軍の盟主を務めたのも彼であった。その名声を頼って多くの人物が集い、陣容も厚かった。

中原の制覇をかけた両雄の激突は、もはや時間の問題となった矢先、袁紹にとって絶好のチャンスが到来する。徐州にいた劉備《りゅうび》が曹操に反乱を起こしたのだ。

前年、劉備は曹操の保護を受け、共闘して呂布《りょふ》を攻め滅ぼしたばかりであった。だが劉備は、漢の皇帝（献帝）を傀儡としている曹操の下につくことを良しとせず、徐

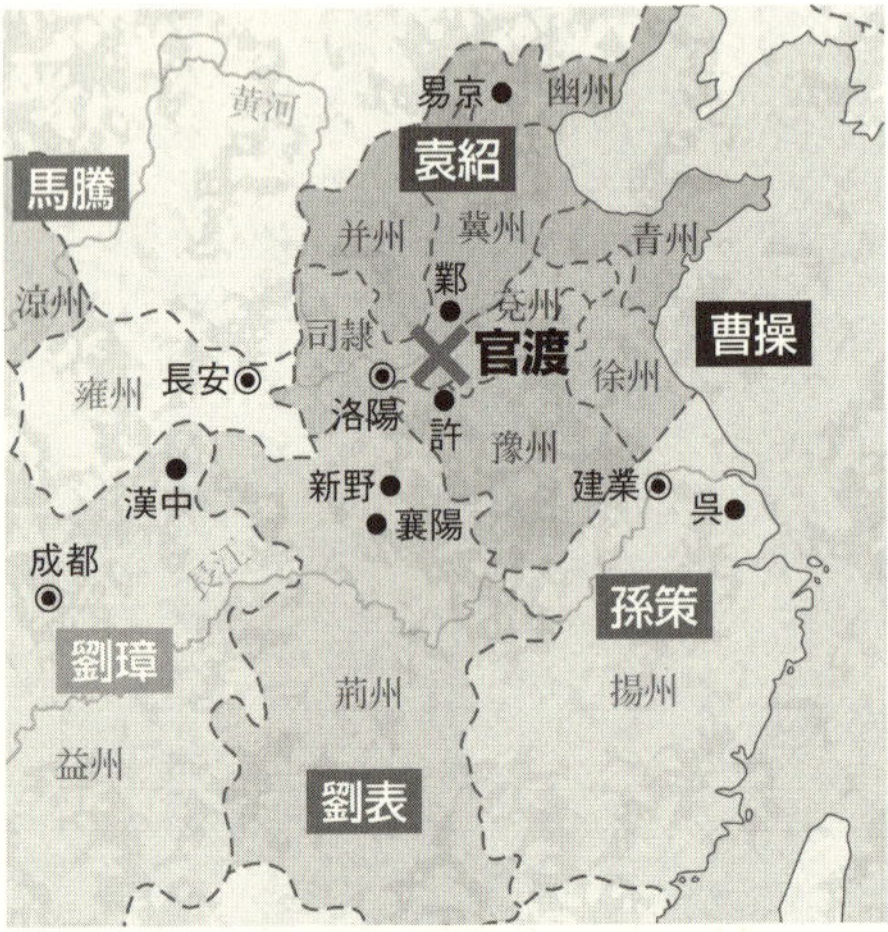


## 官渡《かんと》の戦い

まさに中原の覇権を競って激突した両雄。曹操は官渡に踏みとどまり、袁紹の猛攻を防ごうと死力を尽くす。官渡が突破されれば、献帝のいる許(許昌)が危機に陥るためだ。曹操は当初、袁紹の同盟相手として動いていた。時に袁紹から援助を受ける形で勢力を広げていたが、呂布を降した頃より、袁紹から独立する動きを見せ、ついに両者は矛を交えるに至った。

### 名声は天下一
### 河北に覇を唱えた

**袁紹《えんしょう》（本初《ほんしょ》）**

生年不明〜202年
出身地：汝南郡汝陽県（じょなんぐんじょようけん）
所属：後漢→独立

その家柄の良さから当時、絶大な知名度を誇った群雄。河北4州を制圧し、天下に最も近い存在と目されていた。だが猜疑心が強く決断力にも欠け、部下の助言にあまり耳を傾けなかった。「官渡の戦い」ではその欠点が如実に出てしまい、曹操に逆転勝利を許す羽目になった。彼が202年に病死しなければ曹操の苦戦は続いたかもしれない。

州で再度の旗揚げを行なった。

怒った曹操は建安5年（200）正月、劉備討伐の軍を発し、徐州へ出陣する。一方の劉備もこれは想定済みであり、あらかじめ使者を袁紹のもとへ遣わし、救援を頼んでいた。袁紹軍を南下させ、南北から曹操を挟み撃ちにする策である。

袁紹の参謀・田豊《でんぽう》も、これを好機とみて南征を勧めた。しかし袁紹は動かない。三男・袁尚《えんしょう》が病気にかかり、その側を離れたくなかったのである。優柔不断。これが袁紹最大の欠点であった。

袁紹の助けを得られなかった劉備は曹操に抗しきれず、徐州を捨てて河北の袁紹陣営へと逃げ延びた。その際、下邳《かひ》城および劉備の妻子を守っていた関羽《かんう》は取り残され、曹操に降って一時的に仕えることになる。曹操は大いに喜んだ。

## 関羽の活躍もあり曹操が初戦に勝利

同年2月、官渡決戦の前哨戦ともいえる「白馬《はくば》の戦い」が起きる。いささか遅くはあったが、ようやく曹操討伐の意志を固めた袁紹が大軍を率いて南下を開始したのである。

袁紹は、まず先鋒の将軍・顔良《がんりょう》に黄河を南へ渡らせ、曹操配下・劉延《りゅうえん》が守る白馬津《はくばしん》を攻撃させた。白馬津は黄河南岸の渡河場であり、重要な拠点であった。劉延は懸命に防ぎ、戦いは2カ月に及ぶ。

曹操は自ら援軍に赴き、白馬津の下流にある延津《えんしん》に本陣を構えた。そこから、すぐに黄河を渡って袁紹軍の背後を突くと見せかけ、敵が分散したことを確認すると、その隙に白馬津を攻める顔良軍を奇襲した。先陣を切ったのは曹操軍に降ったばかりの関羽。大軍の中を突き進み、慌てる顔良に打ちかかり、一刀のもとにその首を斬って引き揚げる。顔良の部下らは怖れるばかりで誰も関羽に打ちかかる者はなかった。こうして恩返しを果たした関羽は、曹操から賜った恩賞をすべて置き捨て、主君・劉備のもとへ戻った。うろたえる部下に対し曹操は「追ってはならん」と言って追跡させず、その忠義心を讃えるのであった。

「顔良敗れる」の報を受けた袁紹は、一気に大軍を率いて黄河を渡る。曹操は、まともに相手をすれば不利とみて兵を退いた。すかさず袁紹軍の次鋒・文醜《ぶんしゅう》がそれを追撃してくる。曹操はわざと兵糧を積んだ車や馬を置き捨てておき、文醜の軍がそれに群がったと見るや奇襲をかけ打ち破った。こうして前哨戦「白馬・延津の戦い」は曹操が勝利を収めた。

鮮やかなカウンターを喰った格好の袁紹であったが、まだ主力軍はダメージを受けていない。本格的な大攻勢をかけるべく、さらに南下する。正面から、じわじわと曹操軍を押しつぶしにかかった。

兵力で劣る曹操軍は後退を続け、官渡《かんと》城まで下がって籠城策をとった。対する袁紹は城壁の近くに櫓を組み、その上から城内へ矢の雨を降らせる。曹操も負けじと発石車《はっせきしゃ》という兵器を用い、巨石を飛ばして袁紹軍の櫓を破壊した。次いで袁紹軍は地下道を掘って侵入を試みるが、曹操も塹壕《ざんごう》を造ってそれを阻止した。

一進一退の攻防が繰り返されたが、先に弱音を吐いたのは意外にも曹操だった。兵糧がほぼ底をついたのである。

曹操は許昌で留守を預かる軍師の荀彧《じゅんいく》に撤退を打診するが、荀彧の答えは「必ず勝てます。なんとしても踏みとどまるように」というものだった。曹操は思い直して時を待った。すると、またも意外に早くその時が来た。袁紹の参謀であるはずの許攸《きょゆう》が曹操の幕舎を訪れたのだ。許攸は袁紹に策を進言するも、ことごとく却下され、袁紹陣営での同僚との諍いもあり、曹操に降ろうと考えたのである。

許攸は曹操に袁紹の食糧基地・烏巣《うそう》の場所を示した。側近からは「袁紹の策略では？」と疑う声も出たが、荀攸《じゅんゆう》と賈詡《かく》の後押しで、曹操はすぐさま5千の軽騎兵を連れて烏巣を奇襲し、奪取した。

それを知った袁紹は手薄となっているはずの曹操本陣の官渡へ攻撃を仕掛けたが、官渡には充分な備えがしてあり、負けを悟った袁紹の部下・張郃《ちょうこう》らは曹操に降伏してしまった。兵糧を失い、主力の将が寝返って袁紹軍は総崩れとなり、袁紹は命からがら河北へ逃げ帰った。

敗れた袁紹は冀州へ退却した。戦いはまだ終わらず、翌建安6年（201）、曹操は黄河のほとりまで軍を進め、倉亭《そうてい》にある袁紹の陣営を攻撃する。この倉亭の戦いも曹操の勝利に終わった。連敗した袁紹を見限り、諸勢力が冀州で反乱を起こすが、袁紹はすぐに鎮圧した。曹操もそれ以上の侵攻は危険と見て傍観するしかなかった。

だが、建安7年（202）5月、袁紹は突如として発病し、血を吐いて世を去る。官渡での敗北、その後の反乱鎮圧で精神的なショックも大きかったのだろう。袁紹の死後、その息子である袁譚・袁煕《き》・袁尚がなお健在であった。曹操はその後、彼らを5年かけて討伐し、河北平定を実現するのであった。

西暦200年、官渡の戦いは中原の覇者を決める天下分け目の戦いであった。総兵力については史書には袁紹軍10余万に対し、曹操軍は不明。1万とも記されるが、裴松之が「それほど少なかったわけがない」と疑問を呈している。曹操が「天下統一」を明確に意識し始めたのは、この戦いで自分より何倍も巨大だった袁紹を完全に打倒してからだろう。

顔良を討った関羽は、曹操陣営を去り劉備のもとへ走ったが、曹操は関羽の忠義を褒め、そのまま行かせた。『三国志演義』においては、別れを惜しんだ曹操が関羽に錦袍を贈る名場面がある。

通俗三國志　関羽五関破図（歌川国芳）個人蔵

# 第二章　赤壁大戦を経て天下三分の時代へ

200年

# 江東の英雄、孫策死す

**曹操《そうそう》の背後を突こうとしたその矢先、凶刃に倒れる**

孫家《そんけ》の出身地であり、長江《ちょうこう》下流域に位置する揚州《ようしゅう》は江東《こうとう》・江南《こうなん》と呼ばれ、春秋時代に大勢力を築いた呉国の都・呉郡《ごぐん》があった。このため古くから「呉」と呼ばれ、このあたりを拠点として一大勢力を築き上げた孫家の勢力は人々から「孫呉《そんご》」や「東吾」と称されるようになる。

孫策《そんさく》は、父・孫堅《そんけん》の代から付き従う程普《ていふ》・黄蓋《こうがい》・韓当《かんとう》をはじめ、親友の周瑜や新たに従えた太史慈《たいしじ》や張昭《ちょうしょう》といった優秀な人材にも助けられ、さらに勢力を伸長していた。孫策を指して「傑出した武勇の持ち主」と、覇王《はおう》・項羽《こうう》になぞらえる者もいた。建安《けんあん》4年（199）、曹操《そうそう》に敗れて勢いをなくしていた袁術《えんじゅつ》が病死すると、孫策はその残党を討ち、残存する兵力を自分の支配下に置くことに成功。勢いを駆って荊州《けいしゅう》の江夏《こうか》へ攻め込んだ。江夏には孫堅を討った仇敵・黄祖《こうそ》（劉表《りゅうひょう》の配下）がいる。孫策は今こそ父の敵を討とうと猛攻をかけて打ち破ったが、残念ながら黄祖は取り逃がしてしまった。

その翌年、北の曹操が袁紹《えんしょう》との決戦「官渡《かんと》の戦い」に入ったため、背後が手薄となった隙を突いて許《きょ》へ侵攻を計画する。曹操は孫策が江南を平定したと聞いて厄介に感じていたという。この時ばかりは、さすがの曹操も危うかった。

ところがその矢先、天下を揺るがす一大事が起きる。孫策の急死である。単騎で外出した孫策の前に、数名の者たちが現れた。その男たちは部下の兵だと偽って孫策に近づき、手傷を負わせた。不覚をとった孫策、辛くも逃れたが意外にも傷は深く、これが致命傷となってしまう。

孫策を襲った刺客たちは、かつて呉郡の太守を務めながら孫策に殺害された許貢《きょこう》の部下だった。電撃的な領土拡張を遂げただけに、孫策を深く恨んでいた者も多かったのである。

居城へ戻るも死を悟った孫策は、後継者に弟の孫権《そんけん》を指名した。実子の孫紹《そんしょう》は生まれたばかりの赤子で、後継ぎに成り得なかったためだ。枕元に立つ弟に対し、孫策は「権よ。天下を争うようなことは、お前には向かない。しかし、才能ある者を用い、国を保っていくことについては、私はお前に及ばない」と言い残し、息絶えた。26歳であった。

この年19歳の孫権は兄の死を嘆き、なかなか泣きやまなかったが、孫策に仕えていた参謀の張昭《ちょうしょう》が彼を激励し、その手をとって馬に乗せ、外に出て軍陣を視察させた。こうして孫呉の当主は孫堅から孫策へ、そして孫権へと引き継がれたことを内外に示したのである。

孫策というカリスマが失われた軍を立て直すのは容易ではない。その全軍の指揮を任されたのが、孫策の親友で義弟でもあった周瑜《しゅうゆ》である。

周瑜は孫策と同い年だった。江東の名家である橋《きょう》家の美人姉妹のうち、姉を孫策が、妹を周瑜が妻にしていた義兄弟でもあった。孫策の葬儀の後、孫権は周瑜に軍政の一切を任せ、彼を兄のように慕い、軍の立て直しに全力を注いでいく。

建安13年（208）、孫権は兄の悲願でもあった父の敵討ちに乗り出し、荊州へ侵攻。そして黄祖を討伐することに成功した。孫呉の威勢が健在であることを世に知らしめたのである。

## 三代目にして孫呉を盤石の体制へ

### 孫権《そんけん》（仲謀《ちゅうぼう》）

182～252年
出身地：呉郡富春県（ごぐんふしゅんけん）
所属：孫堅→孫策→呉の君主

「容姿は奇偉、骨体は世のつねの人ではなく、大貴人の趣きがある。天寿も最も長いだろう」と幼い頃に予見されたように、孫権は三国時代では長命の71歳まで生き、孫呉を長期安定させ、その政治手腕を遺憾なく発揮した。

　8歳の時に父の孫堅（そんけん）が戦で落命し、19歳の時に兄・孫策（そんさく）が暗殺者の手にかかって世を去った。孫権は急遽、跡を継いだ。当初はいつまでも泣き続ける孫権を見て、将来を危ぶむ家臣も多かったようだ。江東地方で反乱が多発したり、一族の中から曹操に内通する者が出たりと、苦労が多かった。それをまとめ上げた努力は並大抵ではなかっただろう。

　父の孫堅や兄の孫策に似て、孫権はかなり無鉄砲な性格でもあった。虎狩りを好み、乗っていた馬が虎に喰いつかれたため、双戟を投げつけ、ひるんだところを側近が仕留めたことがあった。「君主の行ないではありません」と、参謀の張昭（ちょうしょう）に注意されても辞めなかったという。

　騎射の腕前が確かであったことは事実のようで、後年の215年、「合肥（がっぴ）の戦い」では魏の「張遼伝」に「赤髭で背が高く、短足で馬を巧みに操り、騎射の上手い将軍」と評された言葉が残る。この戦いでも危うく張遼に肉薄され、討たれそうになっている。地味な印象を持たれがちな孫権だが、彼自身も最前線へ出ることを厭わぬ男だった。

# 206年頃 諸葛孔明の登場

**脾肉《ひにく》を嘆《たん》じていた劉備《りゅうび》「水を得た魚」となる**

曹操《そうそう》と袁紹《えんしょう》が官渡《かんと》の戦いで激戦を繰り広げていた最中、劉備《りゅうび》は袁紹の陣営に身を寄せていた。

劉備には「漢（献帝《けんてい》）を意のままにする曹操を倒し、漢帝国を立て直す」という大略があった。しかし、この時の劉備には何の基盤もなく、自前の領地を持つこともできずにいた。兵力・戦略に勝る曹操に敵うはずもなく、戦うたびに敗れ、袁紹を頼ることになったのである。

ところが、その袁紹は曹操に敗れた。頼みの綱が断たれた劉備はまたも曹操に攻められ、南方の荊州《けいしゅう》へ逃走し、広大な荊州を治める同族の劉表《りゅうひょう》のもとへ身を寄せた。

劉備は「曹操が北方平定に専念している今が背後を突く絶好の機です」と劉表に進言したが、劉表は動かなかった。彼は優れた統治者であったが南荊州に勢力を張った張羨の反乱を鎮圧したばかりで疲弊していた。加えて老齢で弱気になっていたようだ。

曹操に抗する望みもなくなった劉備は襄陽《じょうよう》の北、新野《しんや》という小城を与えられ、居候《いそうろう》同然の日々を過ごすことになる。この時期、曹操に降っていた関羽《かんう》が劉備のもとへ帰ってきたが、朗報といえばそれぐらいのことだった。

ある日、厠《かわや》に立った劉備は自分の腿《もも》にすっかり贅肉《ぜいにく》がついてしまっているのを見て涙を流した。若い頃は馬にまたがって駆けまわっていたが、すでに40歳を過ぎたのに未だ何の功も立てられず、馬にも乗らなくなって老いた我が身を嘆いたのだ。これは「脾肉《ひにく》の嘆《たん》」という故事成語で知られている。

数年が過ぎた頃、劉備は荊州に住む徐庶《じょしょ》という賢人と面会した。徐庶は「諸葛孔明《しょかつこうめい》という臥龍《がりゅう》が居ます。あなたが自ら会いに行くべきです」と劉備に告げた。臥龍とは眠っている龍のことだ。劉備は心を動かされ、隆中《りゅうちゅう》にある諸葛亮《しょかつりょう》の庵を訪ねるが、1度目も2度目も留守で会えず、3度目にしてようやく会うことができた(三顧《さんこ》の礼)。

この時、諸葛亮は20代後半で劉備とは親子ほど歳が離れていたが、進むべき道を見失っていた劉備は藁《わら》にもすがる思いで誠意を尽くしたのだろう。礼を受けた諸葛亮はこれに応え、劉備に策を示した。

「北に強大な勢力を築いた曹操と単独で争うことは不可能です。東に盤石な領地を誇る孫権《そんけん》と争うも不利。まず孫権と組み、この荊州を足がかりにして西の益州《えきしゅう》を得てから曹操に対抗すれば、必ずや大業は成せるでしょう」

後世に「天下三分の計《てんかさんぶんのけい》」と称される戦略方針である。漢帝国の復興を果たすには、まず天下を3つに分かち大陸統一を目指す。劉備は大いに感銘を受けた。諸葛亮も劉備の誠意に打たれて庵を出た。以後、生涯ずっと行動を共にすることになる。

諸葛亮を陣営に迎えてからというもの、そのあまりの厚遇ぶりに不満を唱えたのが、劉備の旗揚げから付き従ってきた関羽と張飛《ちょうひ》の両名だった。劉備は「私に孔明が必要なのは、魚に水が必要なようなものだ」と2人をなだめた。これが「水魚《すいぎょ》の交わり」という故事成語となった。

余談ながら、同時代の魏の記録『魏略』には、「諸葛亮は自分から劉備の元に出向いて登用された」という異説が記されている。しかし、後年に諸葛亮自身が「先帝（劉備）は私が卑しいものでもあるにも拘らず、三度も私の草庵にお越しくださいました」と「出師表」で感謝の念を述べているため、「三顧の礼」は正しかったことになる。描き方ひとつで人物の印象もまるで変わる好例といえよう。

画・菊馳さしみ（北伐）

## 忠臣の鑑とされた
## 三国志の代名詞的存在

### 諸葛亮《しょかつりょう》（孔明《こうめい》）

181〜234年
出身地：琅邪郡陽都県（ろうやぐんようとけん）
所属：劉備→劉禅

　朱子学の創始者である朱熹（しゅき）は「孟子以降の人物としては張良と諸葛亮がいるのみである」との言葉を残した。日本にも非常に強い影響を及ぼした儒学者のこの言葉は『三国志演義』の成立や広まりに大きく影響する。その諸葛亮は、身長8尺（184㎝）の堂々たる体格の持ち主だった。曹操の徐州侵攻（193年）のころに南方の荊州へ避難し、そこで晴耕雨読の生活に入った。「色が黒くて醜いが才能は君の妻にぴったりだ」とされた地元の名士・黄承彦（こうしょうげん）の娘と結婚。荊州の支配者である劉表の親族とつながったことで、諸葛亮自身も名声を高めていた。「三顧（さんこ）の礼」で劉備に迎えられてからは漢帝国の復興を共に誓い、その実現のために死ぬまで力を尽くす。名文「出師表（すいしのひょう）」を残した一方で、漢詩などはまったく残されていない。

202年～208年

# 曹操、南征を開始

**荊州《けいしゅう》の劉琮《りゅうそう》は即座に降伏、劉備《りゅうび》は江東《こうとう》を目指して敗走**

官渡《かんと》の戦いの後、袁紹《えんしょう》は建安《けんあん》7年（202）に病死したが、その後も華北《かほく》（中国北方）には袁紹《えんしょう》の息子たちが勢力を張っていた。曹操《そうそう》はこれを討伐するために北進。そして5年かけてことごとく平定し、中国の北半分をほぼ手中に収めた。

この時点で残った主な勢力は荊州《けいしゅう》の劉表《りゅうひょう》と劉備《りゅうび》、揚州《ようしゅう》の孫権《そんけん》、益州《えきしゅう》の劉璋《りゅうしょう》、涼州《りょうしゅう》の馬騰《ばとう》ぐらいとなる。曹操が次なる狙いに定めたのは南方、荊州・襄陽《じょうよう》の劉表であった。

建安《けんあん》13年（208）7月、曹操は大軍を率いて荊州侵攻を開始。一方の劉表は、その矢先に病に倒れ世を去ってしまった。劉表の家臣たちは、後継ぎに劉琮《りゅうそう》（劉表の次男）を立てて対策を講じる。

荊州北部・新野《しんや》にいた劉備も対策に追われていた。諸葛亮《しょかつりょう》は「劉表の死に乗じ、劉琮を討って荊州を奪うべきです」と進言したが、亡き劉表に恩義を感じる劉備はそれを採用しなかった。結局、劉備は全軍で南東の江夏《こうか》へ撤退することを決定する。すると出発した劉備を慕い、荊州の領民たち十数万が付いてきた。劉備の絶大なカリスマを物語る逸話だ。

「一刻を争う事態です。領民など置いて急ぎましょう」という声が上がるなか、劉備は「大事を成すには人をもって大本《おおもと》としなければならない。私についてきた人たちを見捨てることなどできようか」と、領民たちを守りながら退却にかかった。劉備が去った後、曹操は新野を難なく占領し、襄陽へ入る。劉琮は結局、一戦も交えないまま曹操に降伏した。このため荊州の軍勢は曹操陣営に無傷で組み込まれることになる。曹操は劉備を捕らえようと5000の軽騎兵に追撃させた。

## 劉備軍の猛将ふたりが踏みとどまって一矢報いる

民とともに行軍する劉備軍の歩みは遅く、当陽《とうよう》の長坂《ちょうはん》で曹操軍の先鋒に追いつかれてしまった。散々に打ち破られ、劉備も妻子と離れ離れになって逃げる有様となる。

この時、劉備の世継ぎである阿斗《あと》（後の劉禅《りゅうぜん》）が行方知れずとなったため、劉備の護衛役を務めていた趙雲《ちょううん》が乱戦の中にとって返した。趙雲は敵の大軍の中を駆けて阿斗を救出し、懐に抱き抱えて劉備のもとに戻っている。さらに甘《かん》夫人（劉備の妻）をも救う目覚ましい活躍を見せたという。

同じく劉備軍の将、張飛《ちょうひ》は殿軍《しんがり》を任されていた。味方の退却を見届けて長坂橋《ちょうはんきょう》まで来たとき、張飛はここに踏みとどまって曹操軍を待ち構えた。彼の周りには、わずか20騎の部下たちが従うのみだったが大声で呼ばわった。

「我こそは張益徳《えきとく》である。いざ死をかけて戦おうぞ！」

曹操軍の先頭集団は、張飛の武威を恐れ、また策略を疑い、近づこうとする者もいない。そうして張飛が敵を足止めしている間に、劉備たちは江夏まで逃げ延び、体勢を立て直すことができた（P76地図）。曹操にとっては、この時に劉備を取り逃がしたことが、後に大きな痛手となるのであった。

無事に逃げ延びた劉備は、漢津で関羽が率いる船団と合流した。あらかじめ、関羽に別働隊を預け、落ち合う手筈を整えていたのだ。劉備はそのまま南下し、はるか南方の蒼梧《そうご》郡の太守・呉巨《ごきょ》をひとまず頼ろうと考えていたが、そんな折に来客があった。孫権配下の魯粛であった。「呉巨は頼りになりません」と魯粛は言い、劉備もこのタイミングで孫権との接触を決定した。

208年

# 赤壁の戦い、開幕

**曹操軍数十万を前に降伏派と主戦派が対立**

戦わずして劉琮《りゅうそう》を降伏させ、荊州《けいしゅう》北部を占領した曹操《そうそう》は、その軍勢を数十万に増強し、南方勢力に圧力をかける。そして次なる狙いを揚州《ようしゅう》に定めた。長江を挟み、東南に位置する孫呉《そんご》、つまり孫権《そんけん》の領地である。曹操は孫権へ降伏を勧める書簡を出しつつ進軍を続けるのであった。

これを受け取った孫権陣営は、にわかに慌ただしくなった。「曹操は漢の献帝《けんてい》を擁し、その軍勢も強大。無用な抵抗は漢への反抗となり、揚州《ようしゅう》の民たちをも戦火に巻き込むだけだ」と主張したのが張昭《ちょうしょう》をはじめとする多数の降伏派であった。

一方、「曹操は献帝をないがしろにする漢の賊である。打倒すべき存在ではあっても、降伏するなどもってのほか」と真っ向から反対したのが周瑜《しゅうゆ》をはじめとする主戦派であった。

この両論は孫権を悩ませる。一戦も交えず降伏することは避けたいと思っていたが、噂に聞く曹操軍はあまりに強大で、勝てる自信が得られなかったのだ。そこへ腹心のひとり、魯粛《ろしゅく》が「荊州へ行き、情報を収集して参ります」と進言した。

孫権の許しを得て荊州へ急行した魯粛は、まず劉備《りゅうび》を訪ねた。魯粛自身も主戦派であったため、曹操軍と何度も直接戦っている劉備との接触は実情視察に最適と見たのである。その頃、劉備は曹操軍の追撃を辛くも逃れて、長江沿いに南下を続けていたところだった。

劉備は魯粛を喜んで迎えた。諸葛亮《しょかつりょう》の「天下三分《てんかさんぶん》の計」実現のためには、孫呉の協力が不可欠と考えていたため、このタイミングでの魯粛の訪問は渡りに船であった。魯粛も同様に孫呉が単独で曹操に対抗することは難しいと考えていたことで、両者の思惑は一致する。劉備は同盟の使者として諸葛亮を派遣し、魯粛とともに孫権が待つ揚州へ急がせた。この外交が、いわば諸葛亮の初仕事だった。

孫権陣営では、魯粛が留守の間に降伏派が有利となっていた。ほとんどの者が「曹操には勝ち目がない」として孫権に降伏を勧めていたのだ。

そのため魯粛と諸葛亮は、主戦派のリーダーである周瑜の協力を仰ぐことにし、孫権の説得にあたった。三者は孫権に謁見してこのように主張する。

「曹操軍の多くは編入したばかりの荊州の兵で、心から曹操に心服しているわけではありません。戦力になるのはせいぜい十数万でしょう。しかも、古くから従う兵は北方出身で、陸上での戦いには慣れていても船の上での戦いは苦手です。不慣れな土地に長居しているうちに疫病に見舞われるはず。勝機はこちらにあります。3万の精鋭で必ず打ち破ってみせましょう」

魯粛と諸葛亮の後押しを得た周瑜《しゅうゆ》の言葉は自信に満ちていた。その周瑜を兄同然に慕う孫権《そんけん》は大いに勇気づけられ感激し、即時に開戦を決める。

そして孫権は全軍の指揮権を周瑜に委ね、3万の精鋭を預けてから出兵させた。俗に曹操軍80万という大軍に対し、孫権・劉備連合軍約5万が立ち向かう「赤壁《せきへき》の戦い」の幕開けである。

## 長江を挟んでにらみ合い戦局は膠着状態に陥る

柴桑《さいそう》から出発した周瑜《しゅうゆ》軍は、長江をさかのぼって劉備《りゅうび》軍と落ち合った。一方、曹操《そうそう》軍は長江北岸の烏林《うりん》に布陣。曹操は孫権《そんけん》に降伏の意志がないとみて長江北岸に大軍を集め、圧力をかけてきていた。一方、連合軍は南岸の赤壁に布陣し、両軍は長江を挟んで向かい合う。周瑜や魯粛《ろしゅく》の読み通り、曹操軍は長江を前にして動けずにいた。陸上では無敵の曹操軍も、南方に広がる大河・長江、および無数にある支流では船を使わなければ移動できない。これまでとは勝手が違う戦場に加え、やはり慣れない南方に身を置くことで疫病が流行り始めていた。

周瑜軍も曹操の大軍と真っ向からぶつかり合うほどの兵力があるわけではない。対峙したまま日数が過ぎた。

『三国志演義《えんぎ》』においては、両軍の圧倒的な兵力差を覆すため何重にも及ぶ様々な戦略が展開される。

そのひとつが、諸葛亮《しょかつりょう》が10万本の矢を集めるエピソードだ。水上の戦いでは矢が多数必要になるため、周瑜に頼まれた諸葛亮は「3日で10万本の矢を用意する」と豪語する。誰もが無理だと思った3日目の濃霧の夜、魯粛に頼んで用意した船団を曹操陣営に接近させる。船には藁束《わらたば》を満載しており、敵襲と勘違いした曹操軍は矢を雨のように射かけてきた。矢はことごとく藁束に刺さり、諸葛亮は頃合いの良いところで引き揚げさせ、翌朝に数えてみると10万本以上の矢の回収に成功していた。

周瑜も負けてはいない。曹操のスパイとして自分の元にやってきた蒋幹《しょうかん》を逆用し、偽の手紙を持ち帰らせる。その手紙を信じた曹操は、水軍指令官の蔡瑁《さいぼう》が敵に通じているものと疑い処刑した。周瑜は、水軍の扱いに熟知する曹操軍の将を居ながらに始末するという筋書きである。

## 圧倒的な兵力差が覆り天下三分への道が開ける

決戦の機は突然訪れる。周瑜の指揮下にいた武将の黄蓋《こうがい》は、曹操の船団が要塞のように密集していることに目をつけ、偽りの投降と火攻めの策を進言したのだ。妙案と見た周瑜はそれを採用する。黄蓋は降伏を約束する書簡を曹操に送って油断を誘い、約束の期日に何艘かの船を出して北へ漕ぎ出す。船には油をかけた薪を満載してあった。片や、孫呉の宿老ともいえる黄蓋が降伏してくると聞き、曹操は喜んでいた。彼ほどの戦略家であれば見抜いてもおかしくなかったが、信じてしまった。膠着を打開できるという期待もあり、完全に油断していたのだろう。

長江に東南の風が吹きつけ、孫呉の軍勢は勝利を確信した。接近した黄蓋の船は一

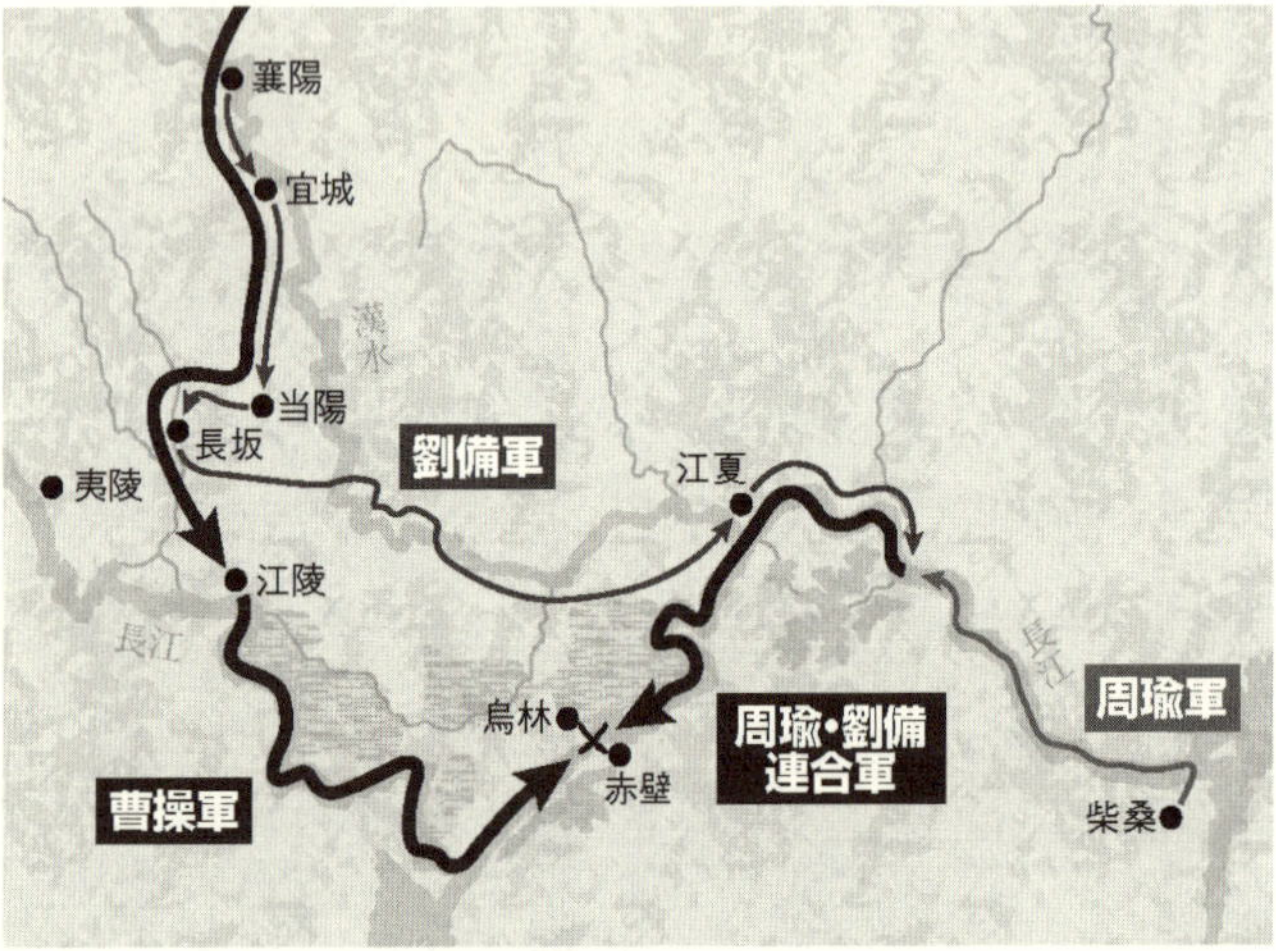


赤壁の戦いに至るまでの曹操・劉備・孫権（周瑜）各軍の進路を表した地図。襄陽からの劉備軍の退却路とそれを追う曹操軍の様子、劉備と合流して赤壁へ向かった周瑜軍の動きを示す。南方での戦いは水軍の扱いに長けた孫呉に軍配があがった。一方の曹操軍は疫病に悩まされ、長江を渡ることもできず、火攻めに遭って撤退を余儀なくされた。

## 赤壁の戦いの経過

- ◉２０８年７月、曹操、荊州へ南下
- ◉９月、曹操が襄陽を制圧。劉備逃走
- ◉10月、曹操が烏林に布陣
- ◉孫権軍の参謀、魯粛が劉備と面会
- ◉魯粛、諸葛亮を連れて孫権の元へ戻る
- ◉孫権が劉備と同盟を結び開戦決意
- ◉周瑜、程普、魯粛が赤壁へ出陣
- ◉黄蓋が火攻めの策を進言
- ◉12月、黄蓋、曹操軍へ投降すると偽り接近
- ◉黄蓋の船、火攻めを開始
- ◉曹操の陣営、燃え広がる
- ◉周瑜軍と劉備軍が敗走する曹操軍を追撃
- ◉曹操、北へ撤退

斉に火を放ち、巨大な火の塊となってそのまま突っ込む。追い風に煽られ、火はたちまち曹操軍の陣営に燃え広がっていった。炎の勢いはすさまじく、岸にある軍営も焼いた。壊滅状態に陥った曹操軍は脆くも撤退する。周瑜の本軍も対岸に上陸し、逃げる曹操軍を追撃して大いに打ち破った。

天下三分のターニングポイントとなる赤壁の戦いは、対峙から約3カ月後、孫権・劉備連合軍の圧倒的勝利で終わったのである。

『レッドクリフ』というタイトルの映画にもなった「赤壁の戦い」。この合戦は、主に曹操軍と孫権軍の戦いであって、劉備軍はあまり戦わず漁夫の利を得たというように認識されがちだ。しかし、実際の劉備軍は積極的に参戦していた。負けた曹操側の記録である「武帝紀」では「公（曹操）は赤壁に到着し、劉備と戦うが、負け戦となった。疫病が大流行し、官吏士卒の多数が死んだため撤退した」と、ある。孫権や周瑜の名はなく「劉備と戦う」とあるのが興味深い。続けて引用される『山陽公載記』にも「公は軍船を劉備の為に焼かれ、徒歩で引き上げたが（中略）弱兵は人や馬に踏みつけられ、泥の中に落ち込み、非常に多くの死者を出した」などとある。曹操（魏）サイドとしては、この戦いは「劉備に負けた」という認識であったようだ。

画・菊馳さしみ(北伐)

曹操の天下統一を
阻止した呉の司令官

## 周瑜《しゅうゆ》(公瑾《こうきん》)

175~210年
出身地：盧江郡舒県(ろこうぐんじょけん)
所属：孫策→孫権

人材豊富な孫呉において周瑜、魯粛、呂蒙(りょもう)、陸遜(りくそん)の4名の存在感は際立っている。『三国志演義』において、孫権はこの4名を「大都督」とし、軍の全権を与えて敵に当たらせるほど重用した。

その最初の人物である周瑜は、揚州では名の知られた名家に生まれた。孫堅が反董卓軍に参加した時、孫策が母とともに近所へ引っ越してきたので交流し、断金(だんきん／金属をも断ち切る)と呼ばれる強い絆を結んだことは歴史の歯車を大きく動かした。

孫策が旗揚げした時に、周瑜が加わったことで、その名声を慕って集まってくる者は数多かった。「赤壁の戦い」に際し、劉備との同盟を画策した魯粛を支持し、実際に勝利への筋道を立て呉の全軍を勝利に導いたのはまぎれもなく周瑜の功績であった。

孫権を帝王に育てた
孫劉同盟の仕掛け人

## 魯粛《ろしゅく》（子敬《しけい》）

172〜217年
出身地：臨淮郡東城県（りんわいぐんとうじょうけん）

裕福な豪族の家に生まれた名士。周瑜が挨拶に来た時、家の蔵をまるごと提供して人々の度肝を抜いた。こうした交流の末、周瑜の推薦で孫権に仕えることになった。「赤壁の戦い」で勝利した後、出迎えた孫権に「私が満足できるのは、あなたが天下を統一して帝王となった時です」と言い、孫権を大いに喜ばせた。

『三国志演義』では諸葛亮と周瑜の間に振り回される役柄を演じるが、実際は気骨に溢れる壮士かつ知恵者だった。

旗揚げから従った
曹操軍を代表する武将

## 夏侯惇《かこうとん》（元譲《げんじょう》）

生年不明〜220年
出身地：豫州沛国譙県（よしゅうはいこくしょうけん）

曹操軍を代表する武将であり政治家。夏侯家の血を引く曹操とは従兄弟同士にあたる。武将としてのイメージが強いが、呂布軍との戦いで左眼に矢を受ける重傷を負ったり、一時は捕らわれの身にもなるなど苦杯を舐めた。むしろ、韓浩や典韋といった優れた人材を登用し、自らも土木工事に携わるなど戦場での活躍より政治面での功績が多かった。晩年は軍の重鎮として、揚州方面全二十六軍の総司令官を任されるなど曹操の副将的な役割を担う。

曹操の名跡を継ぎ
魏の初代皇帝となる

## 曹丕《そうひ》（子桓《しかん》）

187〜226年
出身地：沛国譙県（はいこくしょうけん）
所属：魏の君主

曹操の三男。兄2人が早世したため嫡男として育てられる。11歳の頃には父に従軍して戦場へ出た。18歳のとき、父・曹操が袁紹を破ったとき、袁紹の邸宅に一番乗りし、逃亡した袁煕の妻・甄氏（しんし）を自分のものにしてしまうなど曹操譲りの抜け目のなさを見せた。以来、鄴城で曹操の留守を預かる。詩が巧みで、長じては文学者としても名を残す。曹操の死後に魏王の位を継ぎ、その年の内に献帝から帝位を奪い、魏の初代皇帝となった。

209年～211年

# 劉備の雄飛と快進撃

## 要地の荊州《けいしゅう》をめぐって孫権《そんけん》と劉備《りゅうび》の思惑が交錯

赤壁《せきへき》の戦いに敗れた曹操《そうそう》は、荊州《けいしゅう》北部の江陵《こうりょう》や襄陽《じょうよう》を味方の将に守らせ、自らは軍を立て直すため北方へ撤退した。この戦いの影響は非常に大きく、以後曹操は大規模な南征を断念せざるを得なくなり、孫権や劉備のさらなる台頭を許すことにつながる。

勝利した周瑜《しゅうゆ》は、そのまま荊州の南郡《なんぐん》へ兵を進めて夷陵《いりょう》を制圧し、江陵《こうりょう》の曹仁《そうじん》（曹操の身内の武将）と対峙する。しかし曹仁は手ごわく、1年ほども戦いを繰り広げた結果、ようやく南郡を手中に収めた。孫権も揚州《ようしゅう》から北上し、曹操領の合肥《ごうひ》を攻めたが守りは堅く、落とすことができずに撤退した。曹操軍もこれ以上負けられない。窮地に臨んで死に物狂いで防戦に努めたのである。

こうして曹操と孫権が激戦を繰り広げている隙に、劉備は荊州南部の四郡（武陵《ぶりょう》・長沙《ちょうさ》・桂陽《けいよう》・零陵《れいりょう》）へ攻め入った。この四郡は一時的に曹操に服しながらも、曹操が赤壁で敗れた後に再び独立したため、劉備が機に乗じて攻略に乗り出したのである。『三国志演義』では、四郡のうち韓玄《かんげん》が治める長沙《ちょうさ》を攻めた関羽《かんう》と、韓玄配下の黄忠《こうちゅう》が一騎打ちで激戦を展開する。黄忠は「老いてなお盛ん」と謳われた猛将で、60歳を超える高齢にも関わらず関羽と互角に打ち合った。戦いが長引き、馬がくたびれて黄忠が落馬するが、関羽は「後日、改めて勝負しよう」と言って引きあげた。黄忠はこれを恩に感じ、後に劉備に降って忠義を尽くすようになるという筋書きだ。また長沙では魏延《ぎえん》という猛将も劉備に降り、以降付き従うことになっていった。

こうして劉備は四郡を順調に攻略し、自分のものにした。念願だった自前の領地を初めて得たのだ。

しかし、これに憤慨したのが孫権である。彼にとって、劉備は友軍という認識だった。荊州攻略には呉の将兵も力を貸していたのに、得た土地を劉備は自分のものとして振舞い始めたのだ。そこで孫権と劉備は京城で会見し、荊州の領有権について話し合うが、結局劉備が荊州南部のほとんどの土地を領有することが決まる。

孫権は渋ったが、「ひとまず他に土地を得るまで貸し与えることにしては？」と魯粛《ろしゅく》が宥め、仮の期限を設けて折り合いを付けた格好だった。

これに前後して、両軍は友好を深めるため政略結婚を行なった。すなわち孫権の妹（孫夫人《そんふじん》）が劉備へ嫁いだのだ。劉備は2人の妻（糜《び》夫人、甘《かん》夫人）に先立たれていたため、孫夫人を新たに妻とし、孫呉との友好を深めることにした。

赤壁の戦いの立役者・周瑜は、劉備の軍勢を自軍に取り込み、西の益州《えきしゅう》を手に入れ、曹操と対決するという壮大なビジョンを持っていたが、その作戦を実行に移そうとした矢先、36歳の若さで病に倒れてしまった。代わって孫呉の全軍を担うことになったのが魯粛だ。魯粛は周瑜と違い、劉備を一大勢力に成長させ、共存する思惑があった。天下三分の情勢を築いて曹操に当たることが孫呉の将来のためであると信じる彼は、劉備軍に対して寛大に接し、友好関係を壊さないように努力につとめる。

借用という形ではあるが、荊州南部の多くの土地を領有した劉備軍。その配下に関羽・張飛《ちょうひ》・趙雲《ちょううん》・黄忠《こうちゅう》・魏延《ぎえん》などの猛将を従え、諸葛亮《しょかつりょう》・龐統《ほうとう》・馬良《ばりょう》といった名だたる知恵者も集まって人材面にも恵まれ、一大勢力に成長したのである。

※龐統……周瑜の生前、その配下として働いていた。そのためか劉備は当初、警戒して片田舎の県令を命じたが、そこへ魯粛が重用するように、という手紙を送ってきた。劉備は孫権との外交関係を重視し、龐統をそばに置く形にした。こうした事情から、龐統は呉が送り込んだ間者という見方もできる。

211年〜216年

# 曹操、魏を興す

## 馬超《ばちょう》に勝利するなど大敗後も最強の座を保持

南征に望むも赤壁で敗れた曹操《そうそう》は建安《けんあん》14年（209）3月、故郷である豫州《よしゅう》の譙《しょう》へ帰った。その後敗戦の痛手を立て直す間もなく攻めてきた孫権《そんけん》と合肥《がっぴ》で対峙するが、辛くも猛攻を防ぎ切る。

建安16年（211）3月、曹操は西の漢中《かんちゅう》へ目を向け、夏侯淵《かこうえん》らを派遣してこれを攻める構えを見せた。すると、領地を脅かされるとみた涼州《りょうしゅう》の馬超《ばちょう》や韓遂《かんすい》が先手を打ち、挙兵した（潼関《どうかん》の戦い）。曹操も自らこれを討伐するため出陣。黄河を渡って進軍すると、その隙に乗じた馬超の奇襲を受け、危うく討たれそうになるが、護衛の許褚《きょちょ》に助けられて辛くも窮地を脱し、逃げ延びた。

精強を誇る涼州の騎兵に苦戦はしたが、参謀の賈詡《かく》による立案で、馬超と韓遂を仲違いさせることに成功。その隙を突いて一気に涼州勢を打ち破り、漢中を手に入れ、益州（蜀《しょく》）を北から睨み、別方面から南征の機を伺う状況に持ち込んだのである。

曹操の軍事力は赤壁の戦いに敗れても健在であり、その圧倒的優位が覆ったわけではなかった。許都《きょと》に住まわせている漢の皇帝（献帝《けんてい》）の後ろ盾も失われてはいなかった。曹操の急激な領土拡大も献帝の存在が大きかったといえる。しかし、曹操の勢いが増すごとに献帝の権限や発言力は失われ、曹操も献帝から実権を削いだため、今や漢帝国の実態は「曹王朝」と呼ぶべきものになった。

## 漢の支配から脱却し銅雀台《どうじゃくだい》にて権勢を示す

そして建安18年（213）、曹操は合計10州（司隷《しれい》・兗《えん》州・徐《じょ》州・豫《よ》州・青《せい》州・并《へい》州・冀《き》州・幽《ゆう》州・涼《りょう》州・荊《けい》州）を魏国として献帝から与えられて「魏公《ぎこう》」に就き、さらに3年後の建安21年（216）には「魏王《ぎおう》」に就任した。それまでの曹操は後漢の丞相《じょうしょう》という立場であり、あくまで漢の献帝から土地を預かる立場だったが、ここに漢帝国の中に魏王・曹操という事実上の国のトップが誕生したことになる。

曹操は冀州の鄴《ぎょう》を魏の都とし、以後はそこを拠点に定めた。この鄴という都市は、かつて袁紹の本拠地だったところで、袁一族の滅亡後は曹操の三男で後に曹操の跡を継ぐ曹丕が統治していた。曹操が外征している間、大抵は曹丕が留守を預かるという形で、それだけ重要な都市だった。一方、許昌には献帝が健在であり、これまで同様に漢の都として機能を続ける。曹操は魏公就任後、鄴に築いてあった宮殿「銅雀台《どうじゃくだい》」（210年完成）の隣に、金虎台《きんこ》と氷井台《ひょうせい》という新たな宮殿を築き、さらなる権力を示した。その壮大さは山を思わせたという。

孫権が「孫呉《そんご》」という勢力の主なら、曹操の勢力は「曹魏《そうぎ》」であった。「魏」とは曹操が本拠地を置いた冀州・鄴《ぎょう》の周辺一帯が戦国時代の魏国（紀元前403年〜前225年）の領土であったことに由来している。王とは皇帝に次ぐ立場であり、皇室の一族だけが就任できる特別な役職であった。よって、曹操の魏王就任は漢の衰退を促進させる出来事であり、こうした動きの中で、漢に忠誠を誓うあまり曹操に反発し、粛清された者たちもかなりの数にのぼった。

そのひとりが、曹操を長年支えてきた軍師のひとり荀彧《じゅんいく》であった。彼は曹操が魏公に就任しようとすると「あなたは漢帝国のために義兵を起こしたはず。朝廷を救い、国家を安定させるためであればこそ、私も力を注いだのです」と諫めている。しかし、曹操がこれを聞き入れなかったため、荀彧は憂いを抱いたまま病で死んだ。

# “酒神”として祀られる英雄・曹操

**曹操の故郷は白酒の特産地！**

日本人の乾杯は基本的に一度だけだが、中国人は食事中に何度も行なう。40～50度の白酒《バイジュウ》を、お猪口のようなカップに注いで「干杯《ガンペイ》」と、飲み干したカップの底を相手に見せる。それを何度も繰り返すから恐ろしい。もっとも、今は日本と同じで飲酒を強要したり、されたりすることは少なくなっているようだ。

白酒の生産地は中国各地にあり、安徽省亳州市《あんきしょうはくしゅう》もそのひとつ。同じ白酒にも地方ごとに違う名前があり、当地の酒は「古井貢酒《こいこうしゅ》」と呼ばれる。

この地は曹操《そうそう》の生まれ故郷で、曹操が井戸水で造った故郷の銘酒を、漢の献帝《けんてい》に献上した（貢いだ）という伝承に基づく。街には「白酒博物館」があり、その奥には曹操が「酒神」として祀られている。三国志で酒といえば、大抵は張飛《ちょうひ》が連想されるが、正史『三国志』に基づけば曹操こそが「酒神」なのだ。

「酒に対しては当《まさ》に歌うべし、人生幾何《いくばく》ぞ」（短歌行《たんかこう》）という自作の詩からも曹操の酒好きは分かる。「酒を飲んだら大いに歌うべき、

昔の酒蔵が保存された、白酒博物館の奥に祭壇があり、そこに郷土の英雄・曹操の像がある。写真◎上永哲矢

人生なんて短いものだから」という意味だ。

また曹操が献帝に酒を贈ったのも史実とされる。曹操は郭芝《かくし》という杜氏《とうじ》に「九醞春酒《きゅううんしゅんしゅ》」という銘酒の造り方を教わり、次のように文章化し献帝に上奏している（『全三国文』）。

「麹《こうじ》三十斤（6・87㎏）、流水五石（14ℓ）を用う。臘月《ろうげつ》（12月）二日、麹を清める。正月に解凍す。良き稲米を用いて麹滓《かす》を漉《こ》す。醸法にて飲む」というものだ。「醞《うん》」とは醸《かも》すという意味があり、

曹操の時代は、写真のような「耳杯」という取っ手がついた酒器が用いられていた（中国白酒博物館に展示された複製品）。上は現在販売されている古井貢酒。

つまり9回に分けて醸すことで雑味をなくす製法だ。酒と一緒に酒造りのレシピまで付けてプレゼントしたのだろう。

この「九醞春酒」は現在でも通用するばかりか、日本酒や紹興酒、つまり「醸造酒」の原型といえるもので、アルコール度数は15％前後だったはずだ。

亳州市でも製造されている現在の白酒は、日本の焼酎と同じ製法で造られる「蒸留酒」であり、「九醞春酒」の製法とは異なる。ただ、醸造酒も蒸留酒も世界には有史以前から存在しているため、曹操はいずれも口にしていたかもしれない。

すでに前漢の時代、「宗廟八月飲酎」（『西京雑記』）と記されるように毎年8月になると祖先の霊廟に酒と肉を捧げ、それらを飲み食いして供養するという習慣があった。正月に酒を造り始め、8月に醸したという。一般に「当時の酒は質が悪く、馬並みに飲まないと酔わなかった」といわれるが、製法を見れば現在の日本酒（どぶろく）程度のものは出来たとみられる。曹操が好んだ酒も、皇帝に上奏したというだけあって、極上酒だったに違いない。

211年～214年

# 劉備、蜀を得る

**劉璋《りゅうしょう》から援軍要請が入り、渡りに船とばかりに西進**

曹操《そうそう》が潼関《どうかん》で馬超《ばちょう》と戦っていた建安《けんあん》16年（211）、劉備《りゅうび》のもとに西の益州《えきしゅう》から使者がやってきた。

益州は現在の四川省《しせん》にあたる場所で、一説に山岳地帯に囲まれた険しい地形の中に諸勢力が虫のようにひしめき合っていたため、古来「蜀《しょく》」と呼ばれたという。そして当時、その蜀を治めていたのが劉璋《りゅうしょう》という人物だった。

蜀の北に位置する漢中《かんちゅう》には張魯《ちょうろ》という新興勢力が根を張り、劉璋は脅威を覚えていた。さらに北には曹操も迫っていたため、劉璋は劉姓の同族でもある劉備に救いを求めたのだ。

蜀を奪う機会を窺っていた劉備にとって絶好の機である。当然、劉備はこれに応じ、諸葛亮《しょかつりょう》や関羽《かんう》らに荊州《けいしゅう》の守りを任せると、数万の将兵を率いて蜀へ向かった。そして首都である成都の入口、涪城《ふじょう》まで来ると劉璋が出迎え、盛大な宴を催して劉備軍一行をもてなした。

劉備を案内してきた劉璋の配下、張松《ちょうしょう》と法正《ほうせい》の両名は、実は覇気に欠ける劉璋を見限っており、蜀の新たな主人として劉備を迎え入れたいと考えていた。そこで、この宴で劉璋を捕らえ、蜀を獲ってしまうように勧めた。軍師の龐統《ほうとう》もこの話に乗るよう劉備に進言する。しかし、劉備は「国の大事、慌ててはいかん」と答え、龐統を牽制しておいて、別の機会を待った。

劉備は劉璋から借りた兵を編入して北の葭萌関《かぼうかん》へ向かい、漢中の張魯と対峙する。しかし、劉備は漢中を攻撃せずこの地で領民たちや兵の心を掌握することに専念。蜀占領のタイミングを見計らいつつ準備を整えるのだった。

そんな折、曹操と孫権《そんけん》が揚州《ようしゅう》を巡って争い、孫権は劉備に援軍を求めてきた。劉備はこれに応じるふりをして東へ向かい、劉璋に兵力の増強を要求する。しかし、劉璋は劉備の漢中へ向かってからの行動に疑念を抱き、わずかな兵しか送らなかった。劉備はこれを不服とし、両者の間は険悪になっていく。

劉備は龐統の進言に従い、白水関《はくすいかん》を占領して劉璋の本拠地の成都《せいと》へ向けて侵攻を開始。「もはや遠慮は無用」と野心を露わにしたのである。

劉備軍は涪城、綿竹関《めんちくかん》を占拠し、李厳《りげん》や呉懿《ごい》といった武将たちを投降させて順調に行軍したが、雒城《らく》では守将の張任《ちょうじん》と劉循《りゅうじゅん》の粘り強い抵抗に遭う。この雒城攻めで龐統が流れ矢を受けて戦死し、1年を超える長期戦に及んだ。しかし、その苦戦を受けて荊州から軍師中郎将となった諸葛亮、張飛《ちょうひ》、趙雲《ちょううん》の援軍が加わり、劉備軍は雒城を突破して進撃を再開、成都を包囲したのである。

成都には3万の兵と1年間の食糧があったため、劉璋は徹底抗戦の構えを見せたがその時、馬超《ばちょう》が劉備に投降を願い出たとの報せが入る。

周辺異民族や曹操をも恐れさせた猛将として天下に名を轟かせていた馬超の参戦は、劉璋を大いにうろたえさせた。建安19年（214）、劉璋はそれ以上の抗戦を諦め、劉備に降伏を申し入れた。こうして劉備は蜀の乗っ取りに成功。念願の天下三分が実現を見たのである。

その翌年、曹操は漢中の張魯を攻撃し、これを降伏に追い込み漢中を手に入れた。漢中は長安や洛陽などがある中原と蜀とを結ぶ喉元のような所にあり、これを奪うことで劉備を牽制しようとしたのである。

## 劉備の蜀占領（211〜214）

劉備は孫権から預かっていた荊州南部を足がかりに西の益州（蜀）へ進軍。苦戦の末に3年がかりで蜀を手中に収め、天下はいよいよ曹操・孫権・劉備の三勢力に分かれた。

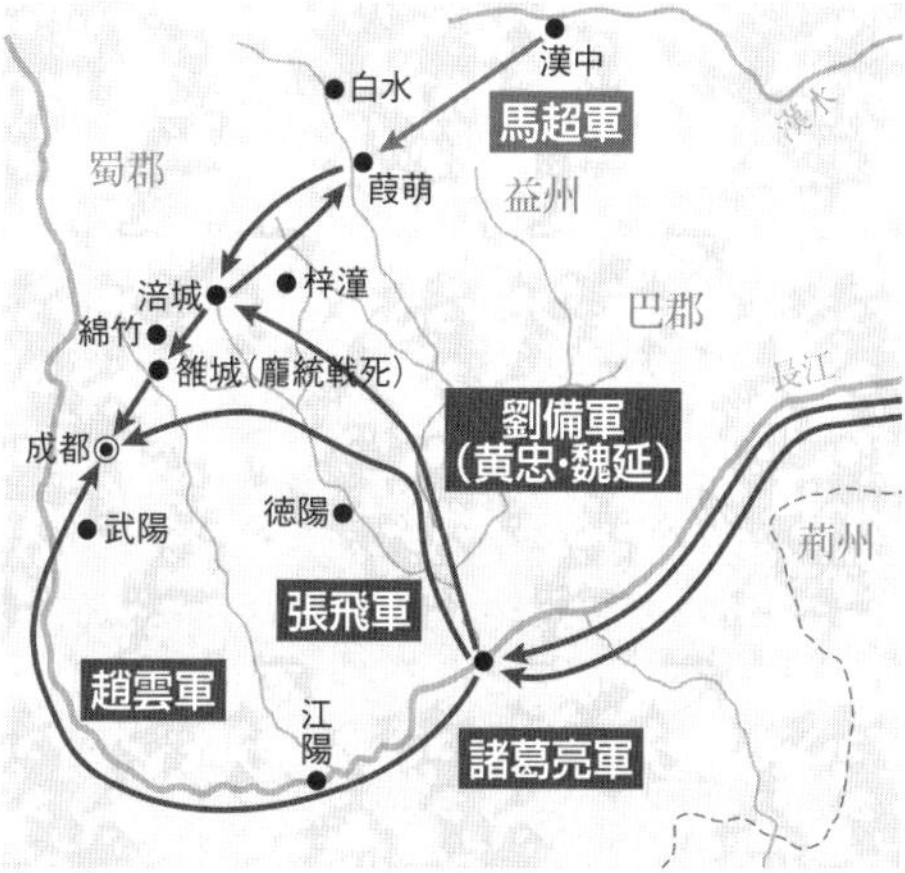

### 諸葛亮と並び称されるも蜀攻略戦で散る

**龐統《ほうとう》（士元《しげん》）**

179〜214年
出身地：荊州襄陽郡（けいしゅうじょうようぐん）
所属：孫権→劉備

若くして「鳳雛（ほうすう）」（鳳凰の雛）と称され、「臥龍（がりゅう）」こと諸葛亮と並ぶ才能の持ち主と評された。軍師中郎将に任命され、劉備の入蜀に随行するが、雒城包囲戦で戦死する。

219年

# 関羽、討たれる

**関羽《かんう》の快進撃に狼狽した曹操《そうそう》が奥の手を使う**

劉備《りゅうび》が蜀《しょく》攻略に出陣すると、関羽は荊州《けいしゅう》南部（江陵《こうりゅう》一帯）の守備を任され、その軍務を取り仕切ることになった。

そんな折の建安《けんあん》20年（215）、孫権《そんけん》は劉備が蜀を得たことを知り、貸していた荊州《けいしゅう》の諸郡《ぐん》を返還するよう迫った。しかし、劉備がこれを拒否したため劉・孫同盟は崩壊の危機に陥る。そこで関羽は孫権軍の代表・魯粛《ろしゅく》と会談に臨んで交渉し（単刀会《たんとうかい》）、孫権に東側を返還、劉備は西側を領有して分け合うことで一応の決着を見た。

荊州の問題が一段落すると、劉備は漢中へ兵を進めた。そして建安24年（219）、劉備は初めて曹操との直接対決（定軍山の戦い）に勝って漢中《かんちゅう》を占領し、曹操の「魏王《ぎおう》」に対抗して「漢中王」を自称する。漢帝国を築いた高祖《こうそ》・劉邦《りゅうほう》が、この地で「漢王」と称した慶事にあやかったのだ。

同年、荊州北部で侯音《こうおん》が曹操に対して反乱を起こした。好機とみた関羽はそれと手を結び、水陸両軍を率いて出陣。樊城《はんじょう》を守る曹仁《そうじん》を攻撃した。

魏王・曹操は、于禁《うきん》と龐徳《ほうとく》に大軍を預け援軍として派遣するが、折からの悪天候により大洪水が起こって魏軍の陣営は水没した。関羽は水軍を巧みに操り、于禁を降伏させ、龐徳を捕らえて斬り殺した。関羽は荊州北部の樊城および襄陽《じょうよう》を完全包囲した。この報に曹操領内は震撼し、関羽に呼応して次々と反乱が起きた。

さすがの曹操も狼狽し、献帝《けんてい》を奪われないために、都（許《きょ》）を北へ移そうとまで考えた。が、そのとき曹操の参謀・司馬懿《しばい》が「孫権に関羽の背後を襲わせては？」と進言。曹操はそれに従い、孫権に使者を送り、さらに援軍の第二陣として徐晃《じょこう》を出陣させた。

その頃、孫呉《そんご》では魯粛《ろしゅく》が病死して後任の呂蒙《りょもう》と陸遜《りくそん》が荊州・陸口《りくこう》に赴任し、密かに関羽の隙を狙っていた。しかし、荊州には関羽の威徳が行き渡っており、孫・劉同盟の手前もあって手出しできずにいた。そこへ曹操と密約を結んだ孫権から「関羽が留守中の江陵《こうりょう》を奪え」と命令が下る。かくして孫権が裏切り、孫・劉同盟は崩壊した。

関羽は出陣前、長江沿いに守備兵を配置していたが、孫権軍に目立った動きがないため、兵と物資のほとんどを前線（樊城・襄陽）に回してしまっていた。これを好機と見た呂蒙は手薄になっていた江陵を攻め、余勢を駆って荊州の劉備領を次々と奪っていった。

関羽は曹仁の頑強な抵抗に遭い、樊城を落とせずにいたが、そこへ曹操から派遣された新手、徐晃《じょこう》の軍が来着する。戦局が悪化するなか「呂蒙が荊州へ攻め込んだ」との報がもたらされた。この知らせに樊城の曹仁をはじめとする魏軍は奮い立ち、逆に関羽軍には動揺が広がった。帰る場所がなくなったからである。

士気が急速に低下し、さすがの関羽も将兵たちの動揺を抑えきれなくなる。

関羽はやむなく北荊州の包囲を解いて撤退するが、すでに江陵をはじめ、南荊州は呉の呂蒙軍の手に落ちていた。加えて、城内に自分らの家族や身内が捕らわれていると知った関羽軍の兵は、次々と逃げ出す。関羽は江陵へ入ることを諦め、わずかな兵とともに麦城《ばくじょう》へ逃れるが、そこにも呂蒙の軍勢が押し寄せる。

包囲を突破して蜀へ逃れようとした関羽だったが同年12月、臨沮《りんそ》で捕らわれ、息子の関平らとともに処刑される。一世を風靡した豪傑が非業の最期を遂げた。

## 荊州を失う前の劉備領（全盛期）

関羽は北上して樊城を攻めた。漢中と荊州の二方面からの攻撃で魏を打倒することは劉備軍の理想的な戦略であった。しかし、孫権の裏切りによって関羽は敗れ、劉備は要衝の荊州を失うという痛恨の事態を招いてしまう。

### 努力を積み重ねて成長 文武両道の名将として活躍

**呂蒙《りょもう》（子明《しめい》）**

178～219年
出身地：豫州汝南郡（よしゅうじょなんぐん）
所属：孫策→孫権

孫権配下の名将。若い頃は武勇一辺倒の人間であったが、孫権にたしなめられて勉学に励み、学を身に付け、短期間で急成長を遂げたことがあった。その時に「士、三日会わざれば刮目して見よ」という故事成語を作った人物でもある。病死した魯粛の跡を継いで軍を担い、関羽が留守中の荊州（江陵）を奪った。だが関羽を破った後、ほどなく病を得て42歳で死去した。闘病中、孫権は自ら病床に来て見舞うほど心配したという。

220年

# 魏王・曹操、死す

**関羽の首を手厚く葬り、その後を追うように他界**

孫権《そんけん》が関羽《かんう》の背後を襲い、荊州南郡を奪ったことは孫・劉同盟における重大な裏切りであったが、裏切るだけの明白な理由も実はあった。

その数年前、孫権が自分の息子に関羽の娘をもらいたいと婚姻の話を持ちかけたところ、関羽は使者を怒鳴りつけて帰してしまったのだ。また、関羽の配下が孫呉との国境地帯で孫権軍の兵糧を強奪するという事件も起きた。

もちろん、孫呉にとって荊州南郡は喉から手が出るほど欲しい場所であり、関羽に占拠されている状態を快く思っていなかったという、野心的な理由もあろう。そうした複合的な要因で、孫権は呂蒙《りょもう》に命じて関羽を討たせたのであった。

孫権はしたたかであった。兄弟同然の関羽が討たれたことを劉備《りゅうび》が知れば激怒することは必定。その怒りの矛先を変えさせようと、関羽の首を曹操《そうそう》へ送りつける。

「私は曹操の命令で仕方なく関羽を討った」と内外にアピールしたのだ。

曹操は、関羽が北上して攻めてくると、援軍を立て続けに送り、さらに自らも救援のために南下して荊州へと向かったが、到着する前に徐晃《じょこう》と曹仁《そうじん》が関羽を撃退したとの知らせが入った。

建安25年（220）正月、曹操は洛陽に帰還する。かつて董卓《とうたく》に焼かれた洛陽も、曹操の治世のうちに修復され、再び栄えるようになっていた。

そこに孫権から送られた関羽の首が届いた。首桶を前に、曹操は物思いにふける。かつて関羽を一度は配下とし、厚遇しながらも、関羽は曹操陣営に留まることなく、劉備のもとへ帰った。その関羽が、首だけになって戻ってきたのだ。曹操は国葬に相当する礼で関羽を埋葬した。敵将に対して異例ともいえるこの処置から、曹操の関羽に対する思いが伺えよう。関羽の首塚が洛陽に、胴塚が荊州当陽に今も残るのは、首と胴が離れ離れになって埋葬されたからだ。

その後、曹操は病の床に就いた。彼は以前から頭痛に苦しんでおり、侍医の華佗《かだ》に治療してもらっていた。華佗は「神医」として知られていたが、ある時に曹操のもとを離れて戻って来ようとしなかったため、投獄のすえに処刑してしまったのである。

華佗は曹操の頭痛を唯一、治療できる者だったとも言われ、彼の不在で曹操の病は悪化の一途を辿った。

死を悟った曹操は息子の曹丕《そうひ》に後を託し、「天下はいまだ安定を見ない。葬儀の後はすぐに喪服を脱げ。墓には金銀や財宝を入れてはならぬ」と言い残して世を去った。時に建安25年（２２０）1月23日。中原《ちゅうげん》に覇を唱えた英雄の静かな最期であった。

生前、権力を極めた曹操に対し、臣下からは皇帝の座に就くよう勧める声もあったが、魏王であり続けた。「もし天命がわしにあるとしても、わしは周の文王《ぶんおう》となろう」と言ったという。帝位就任の意思が、彼にまったくなかったといえば嘘になろう。だが、寿命が来てしまったことを悟り、古の王に自分をなぞらえたのかもしれない。

曹操らしい最期であった一方で、死の間際にまだ幼い娘を抱き上げ、「私の子たちのことをよろしく頼む」と涙したという。そして、「私の世話をした女たちは、みな銅雀台にあげ、そこに絹の帳をかけた8尺の寝台をもうけ、朝晩に干し肉と干飯を供えるように。毎月1日と15日に、帳に向かって歌い踊らせよ。おまえたち（息子たち）は事あるごとに銅雀台にのぼり、私の眠る墓を望めよ」（陸機『弔魏武帝文』）このようにも言い遺した。後世に批判を受けたが、これも曹操の人間味といえよう。

221年～223年

# 劉備、白帝城に没す

## 曹丕が魏を建国すれば劉備も蜀漢を興す

「関羽《かんう》が孫呉《そんご》に討たれた」

その一報が入った時の劉備《りゅうび》の嘆きようたるや、とても文字にして書き表せるものではなかっただろう。嘆きは悲しみに変わり、そして怒りに変わった。

劉備はただちに孫権討伐を宣言する。しかし、本当に倒すべきは曹魏《そうぎ》であり呉ではない。呉と争えば魏に付け入る隙を与える。趙雲《ちょううん》ら忠臣が何度もそのように諫めたため、劉備はひとまず矛を収めたが、怒りの火が消えたわけではなかった。

建安25年（220）、曹操《そうそう》が没した後、その年の秋に曹操の子で新たに魏王となった曹丕《そうひ》が、後漢の献帝から帝位の禅譲《ぜんじょう》を受け、魏を建国して初代皇帝になった。細々と命脈を保ってきた漢が完全に滅亡したのである。

蜀には、「曹丕は帝位に就いた後、献帝を殺害した」と知らせがきた。実際には献帝は死んでいなかったのだが、尾ひれがついた誤報の形で蜀へ流れてきたのである。劉備は大きなショックを受けた。何しろ「曹魏から漢帝を救う」という大義名分が消えたのだから。

この知らせを受け、劉備の臣下たちは劉備に対し、皇帝を名乗るよう勧めた。劉備はなかなか承知しなかったが、魏帝・曹丕の存在を認めるわけにはいかない。皇帝は「劉」でなければならない。魏に対抗するためにも臣下の期待に応えねばならないとして、劉備は自分こそ「漢帝」と称し、帝位についた。時に建安26年（２２１）、劉備は通称・蜀漢《しょくかん》の初代皇帝となり、魏を打倒して都に漢の旗を立てると改めて誓ったのである。だが劉備は関羽の仇である孫呉を討伐するとして、改めて諸将に出陣を命じた。怒りは再び燃え上がり、誰の声も劉備の耳には届かない。皇帝になっても、劉備は「情」の人であった。

そんな矢先、弟分である張飛《ちょうひ》がかねてより彼に恨みを抱いていた部下に殺害された、との報告がもたらされた。劉備は昏倒せんばかりに嘆くが、張飛を殺害した部下たちが呉へ走ったと聞いて、ますます戦意を漲らせた。

## 夷陵の戦いで敗戦、その心労から病を発す

蜀の章武2年（222）、劉備は動員できる限りの兵を率いて荊州の呉領へと侵攻した。「夷陵《いりょう》の戦い」の幕開けである。

蜀軍は快進撃を続け、荊州の拠点を次々と落として行った。蜀軍の勢いは凄まじく、孫権軍の諸将は滅亡をも覚悟するほどだった。しかし長期戦に入り、それまで勝ち進んでいた蜀軍の陣営は荊州深くまで長く延びきった。

それを見た孫権軍の指揮官・陸遜《りくそん》は、好機を逃さなかった。開戦以来ひたすら蜀軍の猛攻に耐え忍んでいたが、一気に逆襲に転じ、呉が得意とする火攻めをかけ、蜀軍の陣営をことごとく焼いたのである。劉備は白帝《はくてい》城へ敗走。失意のあまり病を発して床に就く。当初は下痢であったが、失意の劉備の身体は病に蝕まれていった。この「夷陵の戦い」の敗北で、蜀漢は馮習《ふうしゅう》・王甫《おうほ》・張南《ちょうなん》、馬良《ばりょう》ら有能な将を失い、軍船・兵器類の多くが呉に奪われるという大損害を被った。両軍の兵力数は「陸遜伝」に呉軍5万とあるだけで、蜀軍の方は分からない。しかし、「斬首したり投降してきたりした者は数万にのぼった」（呉主伝）とあるように、痛恨の敗戦であったことは間違いない。建国まもない蜀漢は早くも衰亡の危機を迎えたのである。

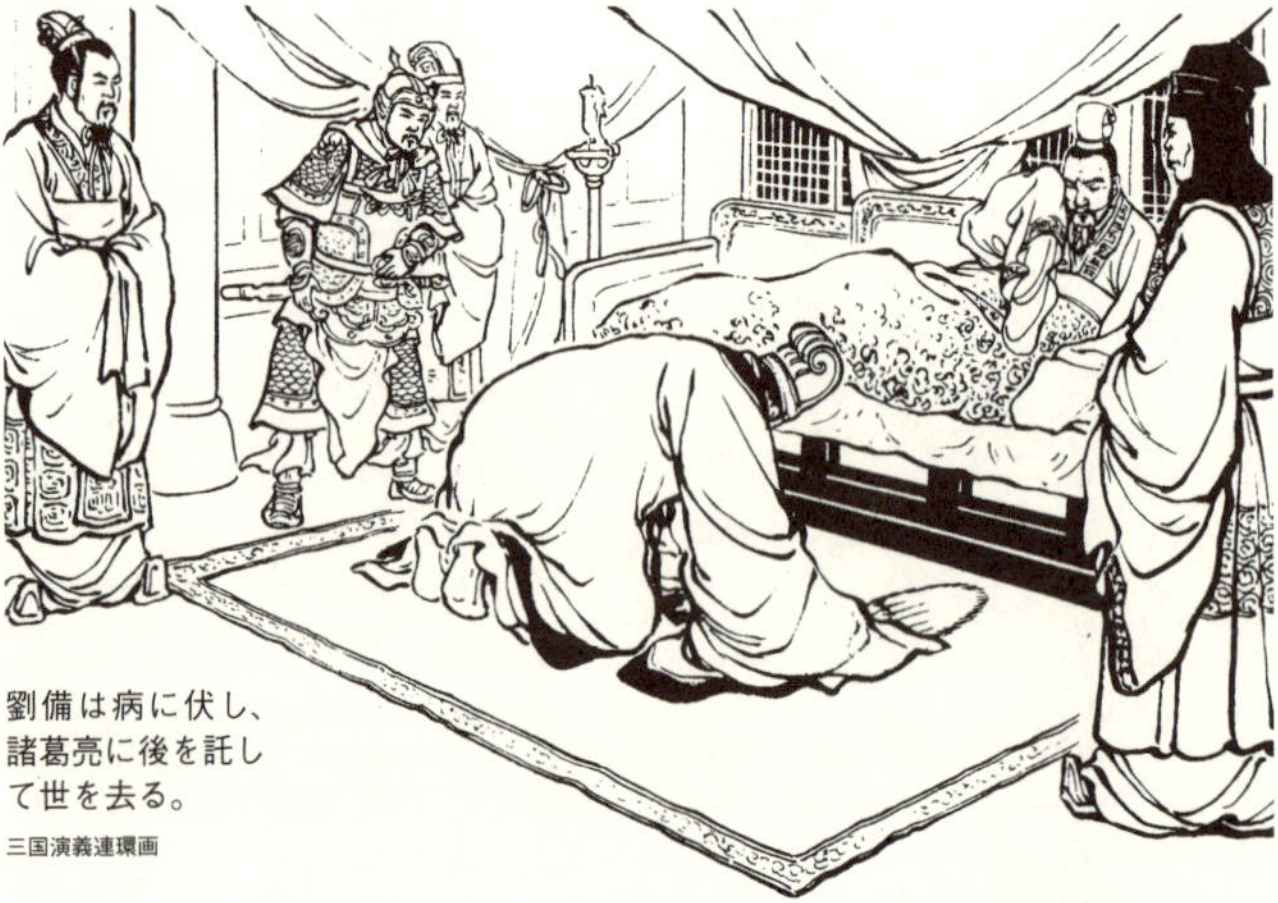

劉備は病に伏し、諸葛亮に後を託して世を去る。

三国演義連環画

## 呂蒙の後を受けて孫呉の新たな大黒柱に

### 陸遜《りくそん》(伯言《はくげん》)

183~245年
出身地：揚州呉郡呉県(ようしゅうごぐんごけん)
所属：孫権

呉郡でも指折りの有力豪族の家に生まれ、孫権の代に仕官した。37歳を迎えた219年、関羽を油断させるため、呂蒙がまだ無名だった陸遜を荊州の統治に抜擢。陸遜は関羽にへりくだり、油断させて荊州を手薄にするよう謀り、呂蒙をアシストした。夷陵の戦いでは、病死した呂蒙に代わって孫呉の全軍を率い、劉備を撃退した。

225年～228年

# 諸葛亮、兵を挙げる

**跡を継いだ二代目・劉禅《りゅうぜん》に忠誠を誓い、大敵に挑む**

章武《しょうぶ》3年（223）4月24日、床に伏していた劉備《りゅうび》は諸葛亮《しょかつりょう》と子供らを枕元に呼び、こう言い残した。

「孔明《こうめい》、君の才は魏《ぎ》の曹丕《そうひ》の十倍はある。必ず大業を果たしてくれると信じている。わが子、劉禅《りゅうぜん》が国主としてふさわしければ、これを補佐して欲しい。だが補佐するに足りない男であれば君が国主となれ。我が子らよ、孔明を父と思って仕えよ」

かくして、希代の英雄にして蜀漢の創業者・劉備は齢63で逝った。曹操、関羽、張飛、そして劉備。英雄が次々と世を去り、時代は新たな局面を迎える。

諸葛亮はその言葉に感謝し、重く受け止めながらも自分が皇帝になろうなどとは微塵も考えなかった。劉備の意志であった漢帝国の真の再興という大業を引き継ぎ、劉禅（劉備の子）を全力で補佐することを改めて決意する。

魏へ攻め入る前に、憂いを断つ必要があった。まずは孫権《そんけん》との関係修復である。諸葛亮は使者を出して同盟の回復と友好関係の強化に努めた。孫権もその意を汲んで応じたため、3度目の孫・劉同盟が成立したのである。やはり孫権は強《したた》かであった。荊州が手に入った以上、蜀がひとまず矛を収めてくれるなら、それで良しなのだ。

呉の脅威を除いた諸葛亮は建興《けんこう》3年（225）、南方の蛮族、いわゆる南蛮《なんばん》の征伐のため益州《えきしゅう》南部へ出兵した。劉備の死に乗じ、孟獲《もうかく》・雍闓《ようがい》・高定《こうてい》といった反乱勢力が騒ぎを起こしたからだ。諸葛亮は大将の孟獲を何度も打ち破って捕らえるが、その度に解き放ち、わざと逃がした。しかし、7度目に放された時、孟獲はその場を動かず「もう我々は二度と背きません」と誓った。これが「七縦七禽《しちしょうしちきん》」（七度捕らえて七度放つ）の故事成語である。心を攻めることで彼らを従わせたのであった。

そして後顧の憂いを断った諸葛亮は建興5年（227）、二代目皇帝の劉禅に対し、「出師表《すいしのひょう》」を上奏する。「出師」とは軍を出すとの意味で、北伐《ほくばつ》を開始するにあたっての決意表明であり遺言書ともいえるものだ。

「魏を打倒し、洛陽《らくよう》の都に漢の旗を甦らせることは先帝・劉備の悲願であり、これを達成せずに恩義に報いることはできない。良い人材を大事に用い、滅びた漢王朝のように、くだらない人物を重用しないように」と劉禅を諭した後、逆賊たる魏を破る強い決意を述べた後、「今、遠く離れるに当たり涙が流れ、言葉が見つかりません」と結んでいる。溢れ出る思いとともに諸葛亮は出兵した。

諸葛亮は漢中《かんちゅう》を拠点とし、かつて董卓《とうたく》が都に定めた長安を目標に定めた。長安《ちょうあん》を得れば魏が新たに都とした洛陽は、もう目と鼻の先である。

失敗が許されない諸葛亮が選んだのは迂回路の関山道《せきさん》ルートであった。緩やかな道を進んで着実に拠点を増やし、長安へ近づいて行く慎重な戦略である。万全を期す諸葛亮は、まず趙雲《ちょううん》に囮として別働隊を率いさせ、魏軍を引き付ける間に祁山《きざん》を攻撃した。その策が見事にはまり、天水《てんすい》・南安《なんあん》・安定《あんてい》の各拠点が蜀軍に寝返り、天水の守将・姜維《きょうい》が蜀に降った。

焦った魏軍は張郃《ちょうこう》を援軍として派遣する。諸葛亮はその進路を読んで愛弟子ともいえる部下の馬謖《ばしょく》に街亭《がいてい》を守らせるが、馬謖は諸葛亮の命令に背いて山上に布陣する。その結果、山を包囲されて水の手を絶たれ、大敗を喫した。最重要拠点の街亭を失った蜀軍は撤退を余儀なくされ、第1次北伐は失敗に終わった。戦後、諸葛亮は馬謖を泣く泣く処刑した。「泣いて馬謖を斬る」の語源である。

## 孔明の南征図《こうめいのなんせいず》

北伐に出る前の建興3年(225)、諸葛亮は南蛮征伐(現在の雲南省付近)へ出兵。同年9月に滇池(てんち)へ到達、南中平定を完了した。南中(中華の南)は、現在の雲南省周辺、ミャンマーやラオス北部のあたり。諸葛亮が大軍の総指揮をとったのは劉備入蜀の折の援軍に続き、二度目だった。この南征の成功によって蜀軍はまとまり、北伐につながった。

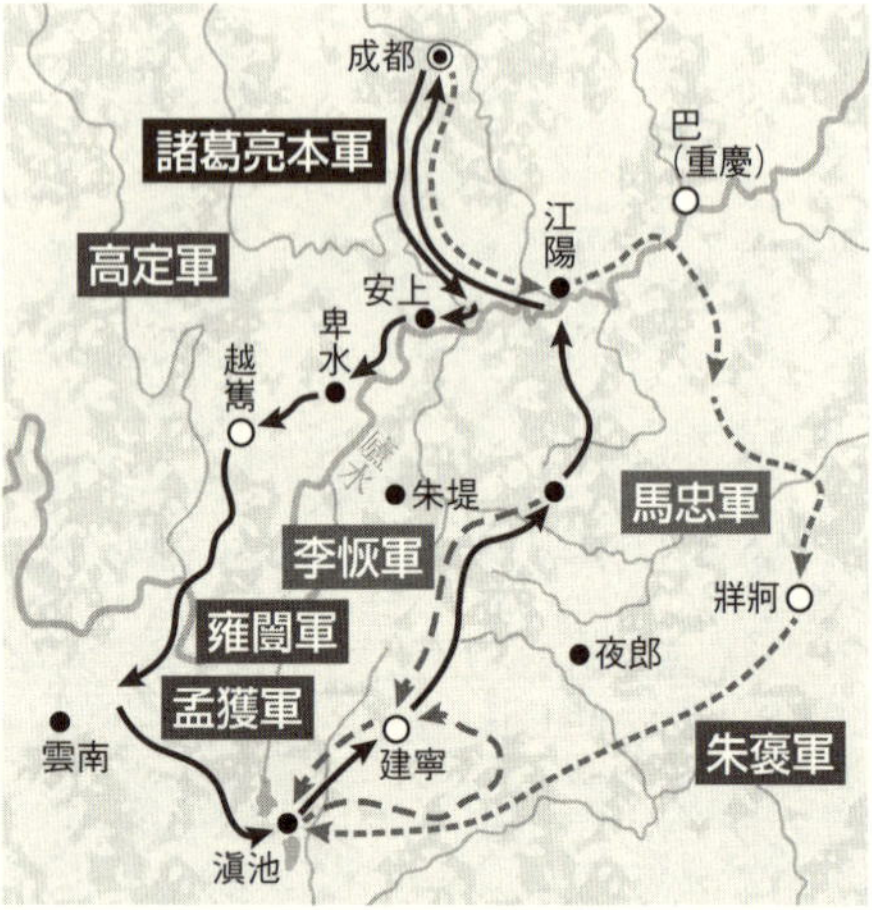


## 孔明の北伐図《こうめいのほくばつず》

228～234年

5度に及ぶ孔明の北伐。漢中と長安の間には険しい秦嶺山脈が連なる。第1次北伐が失敗に終わったことが響き、以後苦戦を強いられる。この北伐でめざしていたのは、魏の中心都市のひとつ、長安であった。当時、魏の都は曹丕が鄴から洛陽へ移していたが、長安はその西側にあり、かつて董卓が献帝を擁立して都にした場所。これを奪うことで、魏の喉元をおさえようとしたのだ。

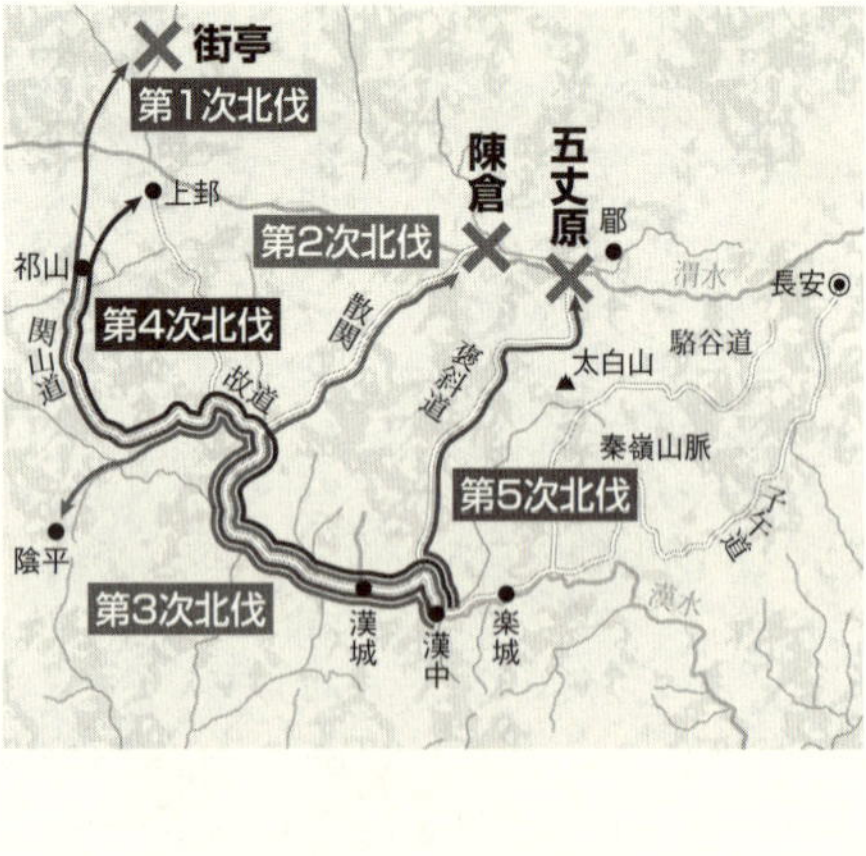

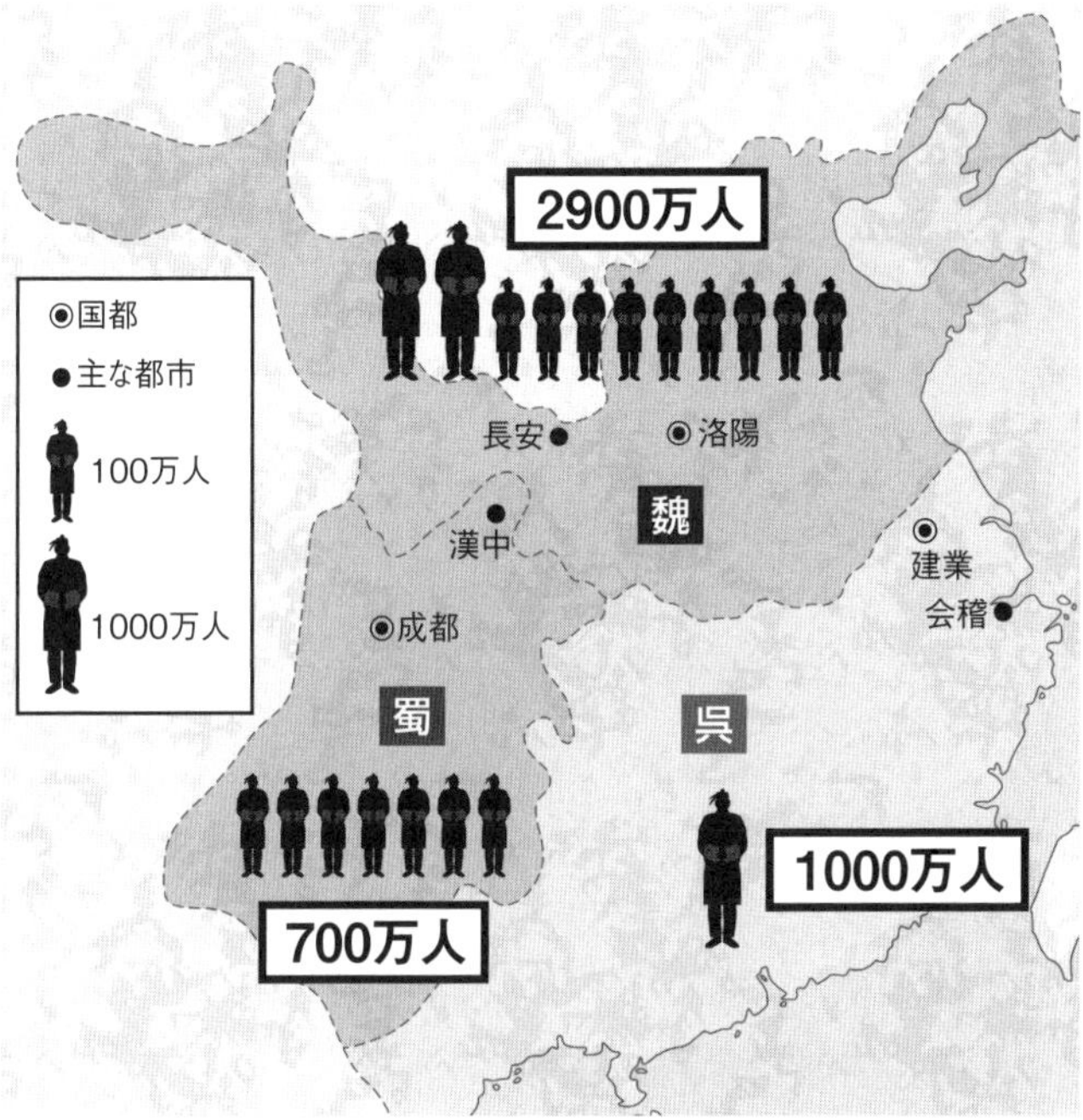


※人数は概算

## 魏《ぎ》・蜀《しょく》・呉《ご》の人口比較

三国の人口は蜀を1とした場合、呉2、魏7ぐらいの差があった。兵力は人口の1割程度と考えられる。諸葛亮があれほど悲壮な決意を綴った理由はこの戦力差を痛感していたためだ。大局的に見れば無謀にも思えるこの戦い。しかし、劉備や諸葛亮は蜀を得ることが目的だったわけではなく、魏の打倒、漢の復興という最終目標があった。だからこそ北へ討って出なくてはならなかったのだ。一方の孫権は、漢にそこまでの思いがなかったため、どちらかといえば北伐にも消極的であった。

# 第三章　三国時代到来、諸葛亮と司馬懿の対決へ

220年〜229年

# 魏・蜀・呉が鼎立

## 情勢の変化で誕生した三国それぞれの王と皇帝

魏王《ぎおう》の曹操《そうそう》は自身が存命中は献帝《けんてい》から帝位を奪わず、皇帝の地位には就かなかった。漢の中の丞相《じょうしょう》（皇帝を補佐する総理大臣のような役職）という地位に留まった。もし、自分が皇帝になれば、劉備《りゅうび》や孫権《そんけん》も皇帝を名乗るだろうとの危惧があったのかも知れない。

しかし、世継ぎの曹丕《そうひ》は違った。曹操が建安《けんあん》25年（220）1月に病死すると、曹丕はその年のうちに準備を進め、10月に献帝から禅譲《ぜんじょう》を受け（帝位を譲られ）魏の皇帝に就任した。ここに400年続いた漢帝国は滅亡し、正式に魏が建国されたのである。表向きには禅譲という平和的な形を装ったが、実際には献帝を廃位に追い込んで簒奪《さんだつ》したと見られる。帝位を奪われた劉協《りゅうきょう》（元の献帝）は山陽《さんよう》公としてそのまま洛陽《らくよう》に軟禁され、妻の曹節《そうせつ》（曹操の娘）とともに静かな余生を送る。

その翌年（221）、蜀《しょく》の劉備《りゅうび》が自ら漢の後継者を名乗り、曹丕《そうひ》に対抗する形で皇帝に就任した。生前に曹操が危惧していた通りの事態が起きたのだ。さらに翌年、孫権《そんけん》も動いた。関羽《かんう》を討ったことで劉備と敵対することが決定的となった孫権は、その危難的状況を逃れるため魏の曹丕に対して臣従を申し入れたのだ。曹丕はこれを受けて孫権を「呉王《ごおう》」と認め、その地位を保証した。

魏の脅威がなくなった孫権は、劉備が侵攻してくると名将・陸遜《りくそん》に全軍を指揮させて大勝した（夷陵《いりょう》の戦い）。敗れた劉備は翌章武《しょうぶ》3年（223）、病にかかって世を去り、息子の劉禅《りゅうぜん》がその跡を継いで蜀漢の第二代皇帝となった。

これで危機を脱した孫権は、魏に臣従する必要がなくなったと判断し、「黄武《こうぶ》」という元号を立て魏からの独立を宣言した。実にしたたかな戦略といえるが、ここに孫権も王として君臨し、正式な形で「呉」が建国されたことになる。曹丕はこの孫権の日和見的な態度に憤って三度も呉へ攻め寄せたが、呉の防備は堅く、いずれも失敗に終わった。

曹丕は曹操のように戦争は得意ではなかったが、統治能力には優れ、魏の政治を安定に導いた。ところが就任から6年後の黄初《こうしょ》7年（226年）、風邪をこじらせて重篤となり、そのまま世を去ってしまう。そして息子の曹叡《そうえい》が跡を継いで、魏の第二代皇帝に就任した。蜀の諸葛亮《しょかつりょう》は、曹丕が亡くなって魏が混乱していることを好機として、翌年から北伐《ほくばつ》の兵を挙げ、以後5度にわたって魏へ侵攻を繰り返すのである。

## 曹丕、劉備に続いて孫権も皇帝の座に就く

太和《たいわ》2年(228)、魏の将軍・曹休《そうきゅう》は司馬懿《しばい》とともに二方面から呉征伐の兵を起こした(石亭《せきてい》の戦い)。だが、魏へ偽装の投降を行なった周魴《しゅうほう》の罠にはまり、曹休の軍勢は呉の領内奥深くへ誘い込まれる。そこに好機と見た陸遜が、巧みな指揮で奇襲をかけ魏軍を散々に打ち破った。曹休は惨敗して逃げ帰り、魏の呉征伐はまたも失敗に終わった。

これに自信を得た孫権は229年、年号を黄龍《こうりゅう》元年として皇帝に即位した。こうして中国は3人の皇帝が林立する「三国時代」へと突入した。本来であれば天下にひとりしか存在してはならないはずの皇帝が、同時代に3人も立つという史上類を見ない状態が、この先約50年にわたって続くのである。

234年

# 諸葛亮、五丈原に死す

**五度に及ぶ北伐《ほくばつ》を敢行し持久戦の中で力尽きる**

蜀《しょく》の建興《けんこう》5年（227）、諸葛亮《しょかつりょう》は漢中《かんちゅう》に入り、翌年春から第1次北伐を開始した。しかし、この緒戦における重要な合戦で部下の馬謖《ばしょく》が命令に従わず街亭《がいてい》を失うという作戦ミスが生じた。蜀軍にとって最大のチャンスは魏がまだ十分に防御態勢を敷いていない第1次北伐にあったが、早くも躓《つまず》いてしまった。魏の新帝・曹叡《そうえい》は大将軍・曹真《そうしん》を派遣し、万全な形で防衛体勢を整える。

それでも諸葛亮は意欲を失わず、同年冬に第2次北伐を開始した。街亭が陥落したため、別ルートから進撃し、陳倉《ちんそう》城を包囲。あらゆる兵器や策を用いて攻撃を試みるが、陳倉城を守る郝昭《かくしょう》の防御態勢は万全で、落ちる気配がなかった。やがて食料が尽き、魏の援軍も迫っているとの報により、それ以上の包囲を断念して撤退。しかし、追撃してきた魏将・王双《おうそう》を討ち取る戦果を挙げた（北伐ルートはP108参照）。

翌229年の春、諸葛亮は第3次北伐を行い、陳式《ちんしょく》に兵を与えて武都《ぶと》・陰平《いんぺい》を攻めさせた。魏は郭淮《かくわい》が救援に来たが、諸葛亮はそれを読んで退路を断つ構えを見せた。危険を悟った郭淮は撤退し、陳式は武都・陰平を攻め取った。後方の足場を固めることに成功し、過去2回の北伐失敗をいくらか払拭した。

建興8年(230)、攻められる一方だった魏が蜀に反攻する形で曹真が大軍を率いて侵攻。しかし、ひと月も続いた長雨によって足止めされ、魏軍は撤退に追い込まれた。翌年2月、諸葛亮は第4次の北伐を決行し、祁山《きざん》を包囲した。

一方の魏の陣営は大将の曹真が病死したため、司馬懿《しばい》がその後任として全軍の指揮を務めるようになり、初めて諸葛亮と司馬懿の直接対決が実現した。祁山救援のため攻め寄せてきた司馬懿を、諸葛亮は巧みな指揮を見せて撃退した。この局地戦では諸葛亮に軍配が上がったが、第2次同様、遠征のため食糧の補給が続かなくなり、蜀軍は撤退した。これを好機とみて、魏将の張郃《ちょうこう》は追撃をかけたが、諸葛亮は伏兵で待ち受け撃破する。「官渡《かんと》の戦い」以来、長年魏軍を支えてきた名将・張郃は蜀軍に討ち取られた。

蜀軍の第2次・第4次の北伐失敗の原因は、いずれも食糧補給の不備にあった。

秦嶺《しんれい》山脈を越えるために、蜀軍は「蜀の桟道《さんどう》」と呼ばれる険しい道を通る必要があり、大量の食糧を運ぶことは困難を極めたのだ。

その反省から、諸葛亮は5度目の北伐に際して食糧の現地調達を行ない、司馬懿と長期にわたって睨み合う。しかし、長期戦になればなるほど遠征軍である蜀軍は不利となる。諸葛亮は魏軍を挑発しておびき出そうとしたが、司馬懿は持久戦の構えを崩さなかった。

そして建興12年（２３４）、連戦の激務で激

諸葛亮は劉備の遺業を継ぎ、蜀の全軍を挙げての奮闘を続けたが、ついに身体が限界を迎えた。亡骸は魏を睨む位置にある漢中の定軍山に葬られた。

明月狭（蜀の桟道）諸葛亮像
撮影◎上永哲矢

しく消耗していた諸葛亮の肉体が限界を迎える。「どのように小さい善でも賞せざるはなく、どのように小さい悪でも罰せざるはなかった」と正史に記されるように、彼は軍務・政務の両面で常に全力を注ぎ、一切の妥協をしなかった。病に倒れた諸葛亮は8月（『三国志演義』では8月23日）、五丈原の陣中にて息を引き取った。54歳、過労死とされる。大黒柱を失った蜀軍は撤退、北伐を断念せざるを得なくなった。

司馬懿は蜀軍が退却したのを知り、追撃を仕掛けたが、蜀軍が策略のため反転したのを見て兵を退いた。その様子を見聞した民衆が、「死せる孔明、生ける仲達を走らす」という成語を作ったという。また司馬懿は諸葛亮が布陣していた五丈原の陣跡が整然として機能的な構造をしているのを見て、「彼は天下の奇才だ」と感じ入った。

人生のすべてを捧げて魏に戦いを挑み続けた諸葛亮。蜀国内では北伐に反対する声もあったが、蜀という国の存在意義が「漢王室の再興」であった以上、座して平穏を保つことなど許されない、彼はそう考えたのだろう。

国のため、死ぬまで奉公した忠義の精神は我が国の武士道にも通じる。後世、国や時代を超えて彼が愛され続けるのは、その天才ぶりではなく、愚直なまでの生き様が共感を呼ぶからに他ならないだろう。

235年～244年

# 司馬一族の台頭

**曹操《そうそう》にスカウトされ曹叡《そうえい》の代に頭角を現す**

蜀《しょく》の命運をかけた諸葛亮《しょかつりょう》の北伐《ほくばつ》を魏が防衛できたのは、司馬懿《しばい》の功績であった。彼でなければ蜀の長安侵攻を許し、三国時代は別の局面を迎えていたかもしれない。同時代に司馬懿が魏に居たことは、諸葛亮にとって大変な不運といえた。

司馬懿は曹操《そうそう》が「官渡《かんと》の戦い」を終えた頃から仕えている人物だ。あの曹操が「司馬懿を捕らえてでも連れて来い」とまで家臣に命じたという逸話が残されている。曹操が漢中《かんちゅう》を得た時（215年）、司馬懿は劉備《りゅうび》が支配したばかりの蜀を攻めるよう進言したが、曹操は「それは〝隴《ろう》を得て蜀を望む〟だ」と光武帝《こうぶてい》の言葉を引き、意見を退け侵攻を自重したという。このように鋭敏すぎる司馬懿を曹操は警戒するようになったが、一方で重用もした。それを察した司馬懿は以後軽挙な行いを慎み、世継ぎの曹丕《そうひ》の世話をして彼の心を掴んだ。

曹操、曹丕が没して曹叡《そうえい》の代になると、以前にも増して司馬懿は重用され、諸葛亮の第4次北伐を防ぐ総指揮官に起用されて表舞台に出た。

諸葛亮の第5次北伐（234年）を防ぎ、蜀軍が撤退すると、翌年に攻めてきた馬岱《ばたい》の侵攻も防いだため、曹叡は司馬懿の功績を称えた。これ以降、蜀軍の北伐は沈静化していく。

## 魏と邪馬台国《やまたいこく》の交流を呼んだ司馬懿の公孫《こうそん》氏討伐

景初《けいしょ》2年（238）、遼東《りょうとう》半島の公孫淵《こうそんえん》が呉と通じて反乱を起こしたため、曹叡は司馬懿に4万の兵を与えたうえで公孫淵の軍の征討を命じた。

「公孫淵はどのような策を取るか」と尋ねる曹叡に対し、司馬懿は「城を捨てて逃げるなら上策、城に籠もるなら生捕りになるだけです」と答えた。果たして公孫淵は籠城策をとり、司馬懿はこれを包囲して兵糧攻めにする。100日が経過して兵糧が底を尽き、脱出しようとした公孫淵を捕らえて処刑した。

司馬懿はこの地で魏へ反抗する勢力が再び生まれないよう、15歳以上の男子を皆殺しとする徹底ぶりを示し、その亡骸で京観《けいかん》（塚）を作ったという。

遼東は朝鮮半島の付け根にある。ちょうどこの年、倭国《わこく》の邪馬台国女王、卑弥呼《ひみこ》が魏に使節を派遣している。司馬懿が公孫氏を遼東から駆逐したために、その後の遣隋使《けんずいし》・遣唐使《けんとうし》に続く日本と中国大陸の文化の往来が可能になったという事実はあまり知られていない。

翌年、曹叡が34歳の若さで病死した。「冷静沈着にして剛胆、君主たるに相応しい気概の持ち主」と評された曹叡が、父である曹丕（40歳）に続いて早世したことは曹魏《そうぎ》政権にとって痛恨の出来事だったといえる。三代皇帝には養子の曹芳《そうほう》が就き、司馬懿と皇族の曹爽《そうそう》がその後見役となった。しかし、曹爽が司馬懿の権力増大を嫌い、彼を名誉職の太傅《たいふ》に転任させたことが引き金となって、その後も様々な理由から両者は対立する。

正始5年（244）、曹爽が行った蜀討伐（興勢《こうせい》の役）は大失敗に終わり、多くの犠牲を出した。この時、司馬懿は失敗を予期して反対していたが、まさにその通りとなり、曹爽の威信と名声は失墜する。それに対して司馬懿の権勢がますます強まっていくのである。

画・雲才（東雲楼）

諸葛亮の北伐を防ぎ
曹一族の実権を奪う

## 司馬懿《しばい》（仲達《ちゅうたつ》）

179〜251年
出身地：河内郡温県（かだいぐんおんけん）
所属：曹操—曹丕—曹叡—曹芳

代々高官を輩出した名門・司馬一族の生まれ。どういうわけか、首を180度後ろに回転させることができたという。曹操が試しに背後から名を呼んでみると、司馬懿は本当に真後ろに振り向いたとの逸話が伝わる。諸葛亮が北伐を開始した228年、上庸（じょうよう）の孟達（もうたつ）が蜀に内応する。それを聞いた司馬懿は孟達に丁寧な文面の手紙を出して安心させ、通常は1カ月もかかる道のりを8日間で進軍し、上庸へ辿りついて孟達を攻め破り、処刑した。内応者が斬られ、蜀軍は初戦で大きな打撃を受けている。諸葛亮の北伐を防いだ後、司馬懿は曹爽（そう）との権力争いを制し、曹一族から実権を奪うことに成功。後の晋の礎を築き73歳の天寿を全うした。民間伝承では司馬懿は「塚虎（ちょうこ）」（塚の中で機を窺う虎）と呼ばれ、「臥龍（がりゅう）」の諸葛亮と対比（竜虎）されている。

# 魏志倭人伝の記録より邪馬台国、魏へ使いを送る

**曹操が興した大国・魏は実は日本と関わりを持っていた**

2世紀から3世紀の日本列島に存在し、女王・卑弥呼が治めた邪馬台国。それは三国志の時代と重なり、また曹操が興した魏と密接な関わりを持っていた。

そもそも、邪馬台国や卑弥呼は日本の歴史書に直接の形で登場することはなく、元々は正史『三国志』の中に登場する国であり人物だ。一般的には「魏志倭人伝《ぎしわじんでん》」と呼ばれているものが、実は三国志の一部分のことなのである。

さらに細かくいえば、『三国志』の『魏志』の一節にある「烏丸鮮卑東夷伝倭人条《うがんせんぴとういでんわじんじょう》」の一部分が「魏志倭人伝」に該当する部分である。それを読んでみると、〝風俗は淫らではない。男は顔や体に入れ墨を入れ、海に潜って魚や貝などを獲る。髪を結い、木綿《もめん》の布を身体に結び付けた簡素な衣服を着ている。女は垂れ髪か結髪で、布に穴を開け、そこに頭を通す（ポンチョのような）衣服をまとう。

土地は温暖で、冬夏も生野菜を食べている。みな、裸足である。人々は酒が好きで、敬意を示す作法は拍手を打って、うずくまり、拝む。長命の者が多く、百歳や九十、八十歳の者もいる――。〟

**卑弥呼《ひみこ》**(生没年不詳)

魏志倭人伝の中に「南に向かい、邪馬壹国(やまとこく)にいたる。女王の都とするところである」という記述が残されており、これが邪馬台国と女王・卑弥呼を示している。239年、魏に使いを送った卑弥呼は、魏の皇帝から「親魏倭王」に任ぜられた。

《女王卑弥呼》 栄永大治良画
大阪府立弥生文化博物館蔵

こういった詳細な暮らしぶりの描写は、まだ文字という文化がなかった3世紀の日本列島や、そこに暮らす倭人《わじん》（日本人）のことが知れる唯一無二のものだ。

当時の倭国はいくつもの国々に分かれ、そのひとつの邪馬台国《やまたいこく》という大国に、卑《ひ》弥《み》呼《こ》という女王が君臨していた。卑弥呼はそれなりに齢をとった女性だったが、夫はいなかった。1000人の女性が仕え、居所には、ただ一人の男子が入って、飲食の給仕や伝言の取次ぎをした。楼観《ろうかん》や城柵《じょうさく》が厳めしく設けられ、常に兵士が守衛していたという。

邪馬台国は狗奴国《くなこく》と交戦状態にあり、卑弥呼は、超大国である「魏《ぎ》」の後ろ盾を得るため、使者を派遣して貢物を送ったと推測されている。

## 司馬懿が道筋をつくり、曹操の孫が使者に会った？

邪馬台国が魏の洛陽に初めて使者を送ったのは239年（または238年）のこと。三国志に当てはめれば、司馬懿《しばい》が帯方郡《たいほうぐん》（現在の朝鮮半島北西部）での反乱を鎮圧し

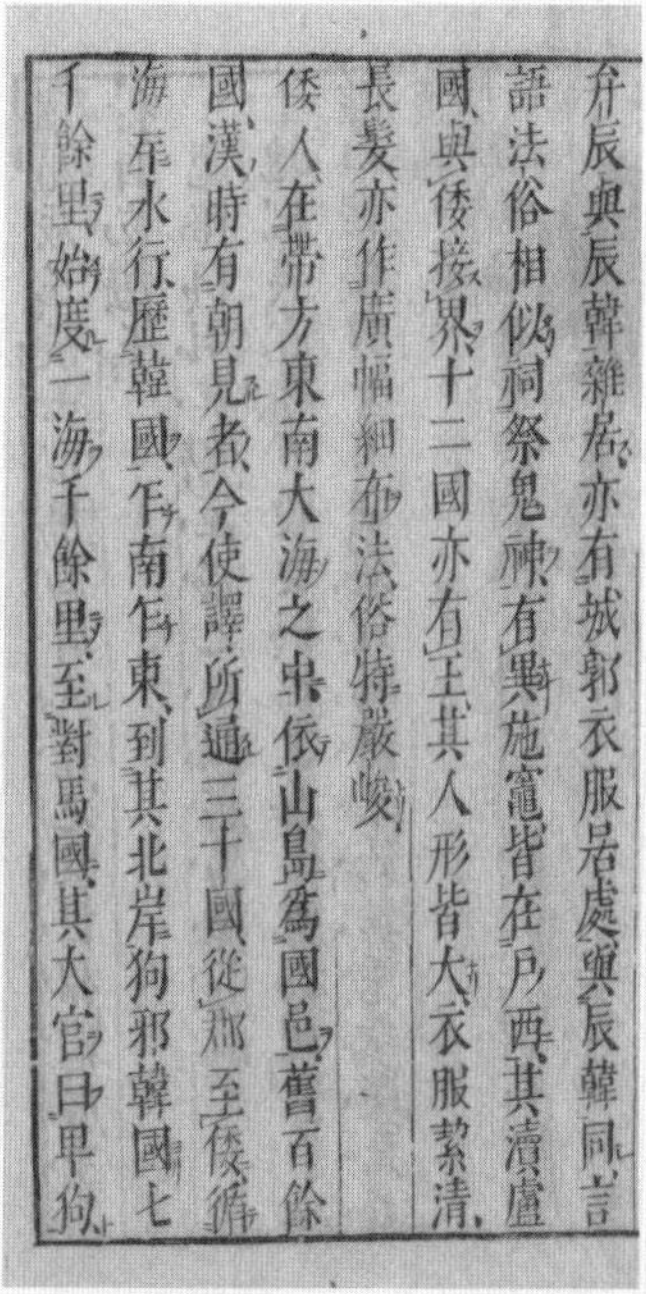
弁辰與辰韓雜居亦有城郭衣服居處與辰韓同言
語法俗相似祠祭鬼神有異施竈皆在戶西其瀆盧
國與倭接界十二國亦有王其人形皆大衣服絜清
長髮亦作廣幅細布法俗特嚴峻
倭人在帶方東南大海之中依山島為國邑舊百餘
國漢時有朝見者今使譯所通三十國從郡至倭循
海岸水行歷韓國乍南乍東到其北岸狗邪韓國七
千餘里始度一海千餘里至對馬國其大官曰卑狗

**魏志倭人伝《ぎしわじんでん》**

陳寿の編纂した正史『三国志』においては、魏書30巻の『東夷伝』の一部分にあたる。魏の使いが倭国に至るまでの道程や倭人の姿や生活の様子、女王が治める邪馬台国という国の存在などが記されている。当時の日本の様子を知る唯一の資料といえる。

国立国会図書館蔵

た直後で、つまりは司馬懿が日本列島との通行ルートを復活させたとも読みとれる。

　そんな状況下で朝貢してきた倭人たちは、魏にとって歓迎すべき相手であった。卑弥呼は当時の倭国としては可能な限りの貢物を送り、魏の皇帝（おそらく曹芳）も卑弥呼に対し、それ以上の贈り物を返礼とし、使者に持たせた。そのうちのひとつが、「親魏倭王《しんぎわおう》」の印綬である。また戦場で魏の威信を示すことができるよう「黄幢《こうどう》」という軍隊が用いる旗も送られている。

　この黄幢の骨組みとみられるものが、奈良県の黒塚古墳から出土している。現在も論争が続く邪馬台国の所在地だが、この物的証拠から行けば「大和説」の可能性が高いともい

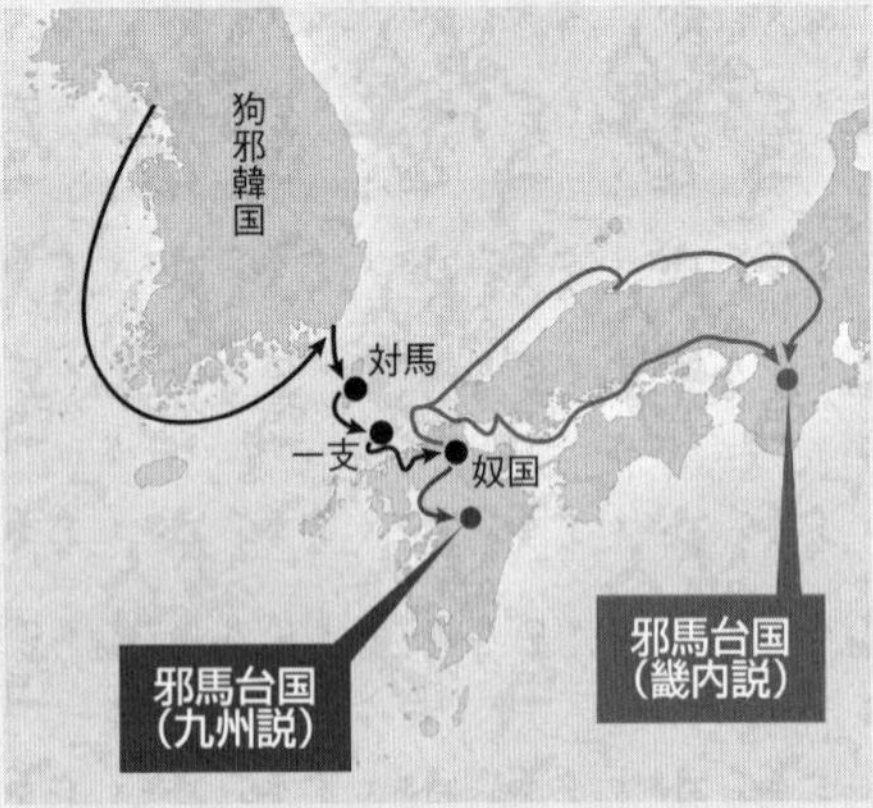


魏の使いは現在の韓国、対馬、壱岐（一支）などを経て、九州北部へ上陸した。邪馬台国へは投馬国から『水行十日、陸行一月（航路なら10日、陸路ならひと月）』と魏志倭人伝にある。しかしながら、その基点となる投馬国の場所自体が不明確であるため２つの説が唱えられている。畿内説には、九州から日本海を経由した説と瀬戸内海を経由した説、２つのルートが考えられている。

えるだろう。ただ、「親魏倭王」の金印はいまだ見つかっていないし、金印も黄幢も元からあった場所に埋まっているとは限らないため、ただちに決定打とならないのがもどかしいところだ。また、卑弥呼の墓は纒向《まきむく》遺跡にある箸墓古墳という説が根強い。

箸墓古墳は最古の前方後円墳とされ、卑弥呼の没年（248年頃）に造られたとみられるためだ。しかし、ここは宮内庁の管理下にあり、皇族の陵墓として扱っているため、現状は発掘調査が不可能となっている。

『三国志』に記される邪馬台国の記録は全体の37万字のうち、わずか2000字弱。それでも烏丸・鮮卑・韓といった他国に比べて格段に多い文字数だ。また、その内容も、倭国の人々には礼が備わり、教化が行き届いているとして、好意的な描写が目立つ。当時の中華思想に基づく異民族の扱いとしては異例ともいえよう。

これは、ひとえに司馬懿の功績を讃えるとともに、魏の権威を大きく見せるための描写とも考えられる。『三国志』が編纂されたのは、三国時代が終わったばかりの西暦280年過ぎ。すでに魏はなく、司馬炎（司馬懿の孫）が建国した晋がとって代わっていたが、晋は前王朝である魏の後継国だった。そのために魏を正統な王朝として扱い、それを盛り立てた司馬懿の功績を高めようという政治的理由があったのだ。

# 第四章　晋の天下統一と「三国志」の完成

230年～252年

# 呉帝・孫権の動静と三国の動き

## 海を越え、遼東半島に影響を及ぼそうとした孫権

ここまで三国の鼎立以後の話として、主に魏と蜀の激突（司馬懿と諸葛亮の対決）を中心に記してきたが、やはり呉帝・孫権の動きを記さないわけにはいかないだろう。孫権も、当然ながら荊州戦線や諸葛亮の北伐に連動する形で動いていた。

そのビジョンがわかるのは帝位に就いた229年、蜀と同盟を結んだ折の約定である。孫権と諸葛亮は、魏を打ち破った後のその支配区分を決めた。呉は徐州《じょしゅう》、豫州《よしゅう》、幽州《ゆうしゅう》、青州《せいしゅう》。そして并州《へいしゅう》、涼州《りょうしゅう》、冀州《きしゅう》、兗州《えんしゅう》は蜀が支配するものとし、司隷《しれい》は函谷関《かんこくかん》を真ん中に置き、東は呉が、西は蜀が治めるというものである。まるで、子供の陣取り合戦のようだが、こうしなくては以前の荊州のような紛争のもとになるからだ。

孫権が青州や幽州を希望したのは、いずれも海に面した領地であり、海上ルートを活用したいがためである。孫権は同じく229年、遼東半島（朝鮮半島の北西）の公

孫淵に使者を送り、これと同盟して魏を挟撃しようと図った。公孫氏は随分と前から、魏の支配を離れ独立の動きを見せていた。孫権はそれを利用しようとしたのだ。

しかし、公孫淵は呉の実力を軽視してか、使者の首を斬って曹叡に献上した。公孫淵は、海を隔てた孫権との同盟のメリットはないと見たのだろう。怒った孫権は237年、高句麗と通じて遼東侵攻を計画する。魏はその動きを察知し、毌丘倹《かんきゅうけん》を遼東へ派遣して防備を固めたため、孫権は攻略困難とみて海上遠征を断念している。

翌238年、ついに司馬懿による討伐が開始され、攻撃を受けた公孫淵はムシのいいことに孫権に救援を要請。孫権は迷った挙句、援軍を出すが、到着したときにはすでに公孫淵は司馬懿によって討たれていた。

孫権の軍事上の動きで重要なのが、合肥《ごうひ》侵攻であろう。合肥は魏の南方における前線拠点であり、長江流域を支配するためにも必要な拠点。ここでの争いは兄・孫策の代から続いていたが、堅城ぶりで名高く、呉軍はまったく攻略できずにいた。

劉備の死後、諸葛亮との和睦によって再び孫権は魏と戦火を交えるようになる。

230年代前半、諸葛亮による北伐まっさかりの折、合肥を守備していたのは魏将の満寵《まんちょう》であった。満寵は呉との戦いに備え、旧合肥城の北西30里の地に「合肥新城《しんじょう》」を築き、防備を固めた。

呉の嘉禾《かか》2年（233）、合肥への攻撃を開始した孫権は、この新たな魏の城に苦戦する。今までの城よりも河岸から遠いため、上陸せずに様子を見た。そして退却を装って後退し、満寵の油断を誘おうとするが、相手はそれに乗らなかった。やむなく城を攻めたが、やはり攻め落とすことができずに兵を引き揚げた。

翌234年は、諸葛亮の北伐と歩調を合わせ、大規模な合肥新城攻めに臨んだ。やはり10万の軍勢で、自ら合肥城を包囲する。同時に陸遜・諸葛瑾《きん》らに1万あまりの別動隊を率いさせ、荊州の襄陽《じょうよう》方面を攻めさせた。

この諸葛瑾は諸葛亮の実兄で、諸葛亮が劉備に仕える以前から孫権に仕えていた。赤壁の戦いの折、諸葛亮が孫権陣営に乗り込んで同盟交渉を行なえたのも、諸葛瑾という身内がいたからこそであった。この兄弟は使者を通じてやりとりしており、諸葛亮に子がなかったため、諸葛瑾は次子の諸葛喬《きょう》を弟の養子にやった。北伐前の227年、諸葛亮は実子の諸葛瞻《せん》を授かり、我が子の成長を喜ぶとともに、早熟すぎることを案じるという素直な気持ちを兄に手紙で伝えている。

さて、そんな呉と蜀の万全を期した共同作戦であったが、魏の牙城は崩せなかった。

同年6月、合肥へ救援に来た満寵は数十人の義勇兵を指揮して風上より火をかけ、呉軍の攻城兵器を焼き払った。そのうえ、孫権の甥・孫泰を討ち取った。

7月に入っても孫権は粘り強く攻撃を続けていたが、突破口を見い出せない。そこへ魏帝・曹叡が自ら合肥新城へ出張り、督戦に来るとの知らせが入る。孫権は魏の士気が衰えるどころか、ますます鋭さを増していることを感じ、撤退命令を下した。こうして呉軍はあえなく北伐を断念する。翌年、五丈原において諸葛亮が没し、孫・劉の共同作戦は失敗に終わった。呉と蜀の兵力を合わせても、なお、魏が優勢である状況であった。結果論とはいえ、如何な名将といえども困難に過ぎたといえよう。

## 晩節を汚し、国力を著しく衰退させた「二宮《にきゅう》の変」

孫権という人物は、劉備や曹操以上に多面的であり、実像がわかりにくい。特に酒癖の悪さで名高く、酒宴を開いては自ら酒甕《さかがめ》を手にして諸官に無理に飲ませた。張昭が引きこもったため、その屋敷に火をつけた……などの逸話は枚挙に暇がない。

酒の悪影響もあったのか、50歳を過ぎたあたりからの孫権は、前半生の英傑ぶりが嘘に思えるほどに精彩を欠くようになる。ことに世継ぎ問題での失策は、呉の未来に大きな影を落とした。その発端は赤烏《せきう》4年（241）、皇太子の孫登《そんとう》が33歳の若さで病死したことである。

孫権は孫登の弟・孫和《そんわ》を皇太子とするが、同時期にその弟の孫覇《そんは》を魯王とし、孫和と同じ待遇をした。しかも、孫権自身は私情から孫覇のほうを可愛がったため、孫和と孫覇のそれぞれの支持者による対立を引き起こす。孫和と孫覇は腹違いの異母兄弟であった。この世継ぎ争いを「二宮の変」と呼ぶが、孫和派は皇太子の座を固守しようとし、孫覇はそれを廃そうとする、2つの役所（二宮殿《にきゅうでん》）の主導権を巡り、呉の国内は二派に分裂して泥沼の抗争劇に発展したのだ。この過程で、孫権は讒言《ざんげん》を真に受けて多くの者を誅殺した。孫和派のリーダー格・陸遜さえ、あらぬ疑いをかけられた結果、245年に憤死してしまった。

250年、孫権はようやく本格的に事態の収集に動く。孫和を廃立し、孫覇を自害させた。代わりの皇太子として七男の孫亮《そんりょう》が擁立される。その2年後、この時代としては長命といえる71歳で孫権は没し、孫亮が二代目の皇帝の座に就くのである。

孫権が亡くなった前年にあたる251年、魏では司馬懿が73歳で波乱の生涯を終えている。それより4年前の247年、司馬懿は曹爽《そうそう》との権力抗争の過程で不利な立場となり、高齢と体調の悪化を理由に朝廷を去る。それからしばらく経ち、曹爽が派遣した見舞いの使者が司馬懿邸を訪れた。

使者が見れば、司馬懿はすっかり老い衰え、使者の言葉を聞き違えて何度も同じことを聞き、粥を食べようとしてもこぼして胸を濡らす有様だった。

それを聞いた曹爽はすっかり安心しきった。そして249年、曹爽は先帝・曹叡の陵墓（高平陵《こうへいりょう》）へ参拝するため洛陽を離れた。司馬懿はその隙を逃さず、かねての手はず通り息子の司馬師らに命じ、武装兵を集めて宮廷を制圧。曹爽の屋敷や武器庫も占拠した。これで曹爽は都へ戻れなくなり、司馬懿の前に膝を屈したのである。

**魏では、司馬懿が実権を握ったまま天寿を全う**

この「大芝居」の後、曹爽は処刑され、魏では曹一族の権力が衰えて司馬一族が実権を握るに至った。司馬懿の死後、その全権は長男の司馬師が引き継いだ。司馬懿はこの長男にだけクーデターを持ちかけ、ともに計画を練ったという。孫権と異なり、司馬懿は世継ぎ問題を起こすことなく静かに世を去ったのである。

三国志の主要人物・生没年表

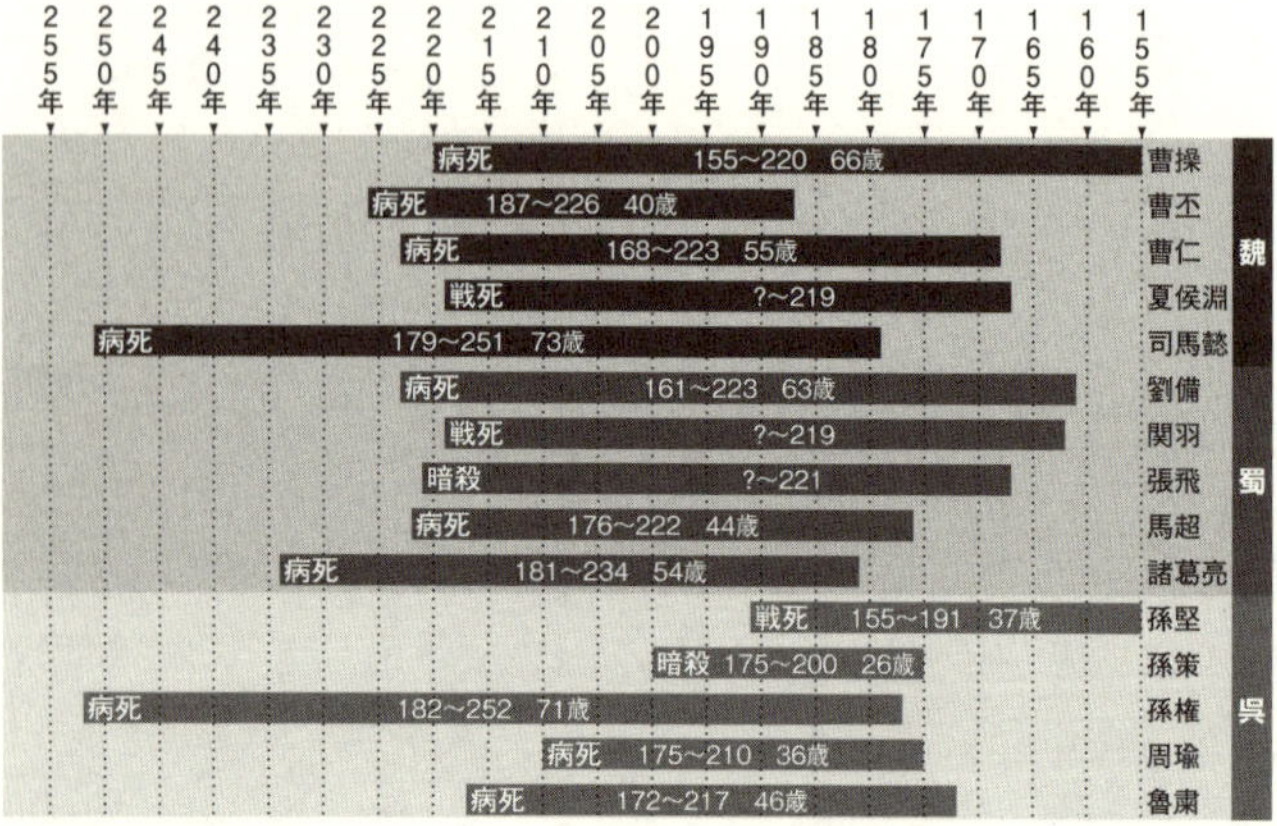

父・司馬懿の才能を受け継ぎ
魏の最高権力者となる

## 司馬師《しばし》（子元《しげん》）

208〜255
出身地：司隷河内郡温県
（しれいかだいぐんおんけん）

司馬懿とその正室・張春華との間に生まれた長男。249年、父がクーデターを起こす前から相談を受けていたのは彼だけであった。司馬師はかねてより壮士を3千人雇い、よく訓練していたが、このクーデターで彼らは大活躍した。当日は叔父の司馬孚（しばふ）と共に洛陽宮城の城門を押さえた。その見事な様子は父をも感心させている。255年、毌丘倹（かんきゅうけん）と文欽（ぶんきん）の乱を鎮圧した後、目にできたコブの症状が悪化し、発病して世を去る。

兄の跡を引き継いで魏を牽引
蜀討伐の総指揮を務める

## 司馬昭《しばしょう》（子上《しじょう》）

211〜265
出身地：司隷河内郡温県
（しれいかだいぐんおんけん）

司馬懿の次男で司馬師とは同じ母を持つ。父が起こしたクーデター「高平陵（こうへいりょう）の変」では、前夜に兄から伝え聞いた。当日は西宮と永寧宮を制すなど活躍した。255年、病死した兄に代わって司馬家の当主となり、257年には寿春（じゅしゅん）で起きた諸葛誕の反乱を26万の大軍を指揮して鎮圧する。263年、蜀漢討伐の軍の総指揮をとり、これを滅亡させた。魏の実権をほぼ掌握し、晋建国の礎を築いた後、長男の司馬炎に後を託す。

253年～262年

# 姜維の北伐続行、そして挫折

**孔明亡き後、疲弊した蜀を有能な政治家らが支えた**

蜀では諸葛亮が234年に亡くなった後、その後継者となったのは蔣琬《しょうえん》であった。諸葛亮・費禕《ひい》・董允《とういん》とともに「四英」に数えられた逸材である。大黒柱の死で国中が沈んだが、蔣琬が落ちつき払っているため、皆、安心したという。

諸葛亮の死後、軍事に通じていた楊儀と魏延も相次いで亡くなっていたため、蜀の国是であった北伐は頓挫していたが、238年に司馬懿が公孫淵の討伐へ向かったことで風向きが変わる。このまたとないチャンスに、二代皇帝・劉禅は詔を発し、北伐を再開するよう蔣琬に命じた。

蔣琬は、諸葛亮の北伐失敗の第一の理由が輸送の困難さだったことを熟知していた。そこで漢水（長江の支流）を利用して船で東へ進軍し、魏興《ぎこう》や上庸《じょうよう》といった荊州北部をまず攻撃する計画を立てた。そして漢中に駐屯したまでは良かったが、諸葛亮

## 諸葛亮の遺業を継ぎ北伐で孤軍奮闘

### 姜維《きょうい》（伯約《はくやく》）

202～264年
出身地：天水郡冀県（てんすいぐんきけん）
所属：魏→蜀

小説『三国志演義』では天水へ攻め寄せてきた諸葛亮の策を見破り、趙雲と互角に打ち合う腕前を見せるなど、知勇兼備の名将として描かれる。正史では生粋の軍人であり、そこまで華々しい活躍こそないが、「用兵に秀で、思慮精密。涼州で最高の人物」と諸葛亮に称賛された。元々は天水郡の守将であったが、２２８年に諸葛亮が北伐の兵を挙げた際、太守に疑いを抱かれて魏に帰れなくなり、蜀へ降った。２３４年に諸葛亮が亡くなると、姜維はその意志を受け継いで北伐を続行しようとする。しかし、軍人であったため内政を顧みず、国力を消耗させるとして蜀の文官たちには疎んじられた。挙国一致で北伐に望むことができず、連年の出兵の労も実らずに終戦を迎えた。２６３年、魏の侵攻を受けた際は剣閣に立て籠もって善戦した。

天水にある石像
撮影◎上永哲矢

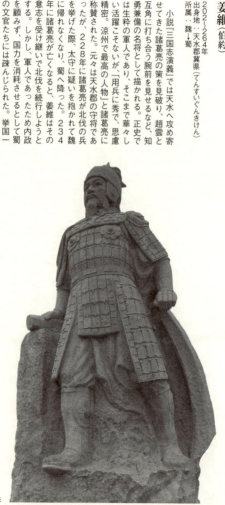

と同様、激務が蔣琬の身体を蝕んだ。もともと病弱だった彼の身体はみるみる衰弱。また、蜀国内からも国力の低下を理由に北伐に反対する声も上がり始めた。蜀の延熙《えんき》6年（243）、蔣琬はやむなく北伐を断念し、主力軍を漢中から撤退させた。代わりに姜維を鎮西大将軍・涼州刺史に任じ、北への備えとした。

翌244年、魏の曹爽が大軍で攻め寄せてくると（興勢の役）、病で動けない蔣琬に代わって費禕《ひい》が総指揮を執り、王平と協力してこれを撃退することに成功した。蔣琬はその2年後に病死したため、それからは費禕が跡を継いで軍事・国政の全てを担うようになり、漢中に駐屯する。

費禕は北伐反対派であった。先の蔣琬の北伐に強く反対したのも彼である。しかし、軍事を統括する姜維は、費禕に対し北伐の再開を進言した。費禕は「我々の力は丞相（諸葛亮）に遥かに及ばない。丞相でさえ無理だったのに、我々にできるはずがない。今は内政に力を注ぐべきだ」と言って退けた。そして費禕は姜維に少数の兵力を与えるに留め、自重させ続けたのである。

ところが、延熙16年（253）、費禕が正月の宴席で魏の降将であった郭循《かくじゅん》に刺殺されるという大事件が起きた。費禕より先に侍中の董允も先立っていた。次々と人材が世を去り、斜陽の一途を辿る蜀。唯一の光明としては、ちょうどこの時期に敵国の魏では司馬懿のクーデターが起き、曹爽が殺されて、その状況に身の危険を感じた魏将・夏侯覇《かこうは》が蜀に投降してくるという一幕ぐらいであった。

## 北伐を再開するも損害を出し続ける

費禕と董允の没後、蜀の国政にあたったのは陳祗《ちんし》だった。彼は決して無能ではなかったが、前任者たちに比べて覇気に欠けた。かくして止める者がいなくなったことで、姜維は漢中の兵力数万を率いて北伐を敢行する。

同253年、姜維は武都から斜谷道《やこくどう》を通って南安へ進軍し、迎撃に出た魏軍を討ち破り、これを包囲。しかし兵糧が尽きて、撤退を余儀なくされた。翌254年、隴西《ろうせい》へ進軍し、狄道《てきどう》県の李簡が密かに降伏を願い出てきたのを受け入れ、徐質を破る。河《か》関《かん》・狄道・臨洮《りんとう》の三県を制圧するなどの戦果を挙げた。

さらに翌255年、降将の夏侯覇らとともに狄道に進出し、魏将・王経《おうけい》を洮水の西で撃破、数万人を討つ大勝利を収めた。姜維はさらに狄道城を包囲したが、魏の征西将軍・陳泰《ちんたい》が救援を率いてきたため、攻め落とせず退却した。このように姜維は野戦がうまく、魏の軍勢をたびたび撃破するのだが、こと城攻めになると各地から来る魏の援軍に防がれ、落とすことができず撤退するという形をくり返した。

そして256年、「段谷《だんこく》の戦い」を迎える。魏の側も姜維の北伐によって相当な損害を受けており、長安より西側の防備は手薄となっていた。魏将の多くは「姜維はしばらく攻めてこないだろう」と楽観視していたところ、姜維はさらに戦果をあげるべく攻め込んできた。この時より、北伐の防衛軍の指揮官として起用されたのが、鄧艾《とうがい》であった。鄧艾は司馬懿にその才能を見い出され、登用された秘蔵っ子である。

姜維は同僚の胡済《こせい》と上邽《じょうけい》で合流しての進軍を企図したが、連携ミスで合流できなかった。そして斜谷道で鄧艾の伏兵にかかった。鄧艾は姜維の進軍路を読んでいたのだ。姜維は退却するも追撃を受け、段谷で1万人もの死傷者を出す大敗を喫する。

この敗戦で優秀な将兵が数多く討たれ、蜀の戦力は大きく低下した。しかし、それでもなお姜維は北伐を続行した。蜀の国内では姜維を批判する声が高まり、成都では譙周《しょうしゅう》が『仇国論《きゅうこくろん》』という北伐の無謀さを批判する書を出すほどであった。諸葛亮の死から20年あまり、蜀は転落の道を確実に辿っていた。

263年

# 劉禅降伏。蜀漢ついに滅亡す

## 司馬昭が本腰を入れて蜀討伐の兵を挙げる

姜維が奮闘すればするほど、蜀漢は疲弊した。国内では劉禅が政治への意欲を失い、北伐に反対する声も高まっていた。かつて劉備が志した漢帝国の復興は、すでに夢物語と化していたようである。

そうした中でも、かろうじて蜀が命脈を保っていたのは、敵国である魏も混乱の極みにあったからだ。２５５年、寿春において毌丘倹《かんきゅうけん》と文欽《ぶんきん》による反乱が起き、司馬師はこれを討伐する。しかし、直後に司馬師は病気が悪化して死去。跡を継いだ司馬昭であったが、２５７年に寿春で諸葛誕が反乱を起こす。司馬昭は26万もの大軍勢でこれを討伐し、魏国内での権勢を揺るぎなくしていった。

しかし、司馬昭の専横に反発したのが、ほかならぬ魏帝・曹髦《そうぼう》であった。曹髦は挙兵するが、従ったのはわずかな兵のみ。結局、曹髦は賈充《かじゅう》配下の成済《せいさい》に刺殺されて反乱は収まるが、司馬昭は皇帝を害した罪で成済を一族皆殺しにする。賈充は腹心であったために罰しなかったが、こうした偏りのある処罰に誰も反発できなかった。司馬昭は曹奐《かん》を魏の第五代皇帝に立て、傀儡として操った。

この騒ぎの間、諸葛誕《しょかつたん》の反乱に乗じての攻勢など、姜維は北伐を続けた。しかし、国内から聞こえる保守派の声が姜維に前進を許さなかった。姜維の方針は攻勢を維持して魏にプレッシャーを与え続けるという、以前の諸葛亮の路線を引き継ぐというものだったが、姜維の政治的影響力は保守派を抑えるだけのものがなかった。

その蜀国内では、皇帝・劉禅のそばに宦官の黄皓《こうこう》がおり、彼が政治を牛耳る形となっていた。黄皓は陳祗《ちんし》によって引き立てられ、国政を左右するほどの権限を持つまでになる。黄皓は262年、姜維を追放し、閻宇《えんう》に軍権を与えようと画策する。姜維はそれに対抗すべく、劉禅に上奏するも受け入れられなかった。姜維は成都に帰還することもできず孤立した。使者として成都を訪れた呉の薛珝《せつく》は、「主君は暗愚にして己の過ちを知らず、臣下も保身に汲々として罪を逃れんとする。朝廷で正論は聞かれず、村野を行くも民衆は色を失っている」と、この時期の蜀の様子を語った。

姜維が前線の沓中《とうちゅう》に駐屯し、成都から離れたままでいるため、その様子は魏へも伝わることとなった。こうした動向を知った司馬昭は、魏の景元4年（263）、皇帝・曹奐に勅令を出させ、いよいよ蜀討伐を決意する。鍾会《しょうかい》に10万、鄧艾《とうがい》と諸葛緒《しょ》に各3万の兵を授けて蜀へと侵攻させた。軍船を大量に用意し、表向きは呉を討伐する準備をしているように見せかけるという抜け目のなさであった。

魏の侵攻を受けた蜀の迎撃軍は連携の遅れで、あっさりと鍾会の漢中接近を許す。倍以上の軍勢で押し寄せた魏軍を前に、蔣舒《しょうじょ》は魏将の胡烈《これつ》に降伏して陽安関《ようあんかん》を明け渡してしてしまう。蔣舒の部下である傅僉《ふせん》は、それに憤って魏軍と戦うも多勢に無勢、討死する。こうして難なく陽安関は突破され、鍾会が剣閣《けんかく》へと進撃してくる。姜維は張翼らとともに剣閣で必死に防衛に努めた。剣閣は蜀漢の重要拠点。姜維は魏軍の突破を許さず、鍾会に撤退を考えさせるほどに善戦した。

### 人跡未踏の山道を突破、劉禅は抵抗もせず

ところが、魏将・鄧艾は誰も考えつかないような大胆な作戦を提案した。到底、人が通れないような険阻な陰平の山道や崖を抜け、剣閣を迂回して一気に成都を突こうというのであった。かくして、

「毛織物で身体を包み、転がって谷を下る。将兵は皆木につかまり、崖をよじ登って、あい連なって進んだ」（正史『鄧艾伝』）という凄まじい進軍で、鄧艾は剣閣の裏に出た。そして突如として現れた魏軍を前に、江由《こうゆ》の守備隊長・馬邈《ばばく》は抗戦する気もなく降伏してしまう。

最後の砦ともいえる綿竹《めんちく》関には、諸葛瞻《せん》（諸葛亮の子）が立て籠もり、息子の諸葛尚《しょう》や張遵《ちょうじゅん》（張飛の子）とともに奮戦し、一度は魏軍を押し返すが、二度目の猛攻を抑えられず、全員が戦死した。

成都の劉禅は鄧艾軍がいよいよ来襲したと聞くや、譙周《しょうしゅう》の勧めに従い降伏を決意。手を縛り、棺桶を背負って城外へ出て鄧艾を迎えたのであった。直前に劉禅の子・劉諶《りゅうしん》は、降伏しようとする父に徹底抗戦を主張したが、劉禅は聞く耳を持たなかった。劉諶は妻子を道連れに、祖父・劉備の墓前で悲壮な自害を遂げた。

姜維はまだ剣閣で鍾会と戦っていたが、そこへ成都開城の報せが届く。姜維と将兵らは皆、怒りと無念のあまり、刀を石に叩きつけて折ったという。こうして三国のうちで蜀が真っ先に滅び、鼎《かなえ》の一角が崩壊してしまったのである。

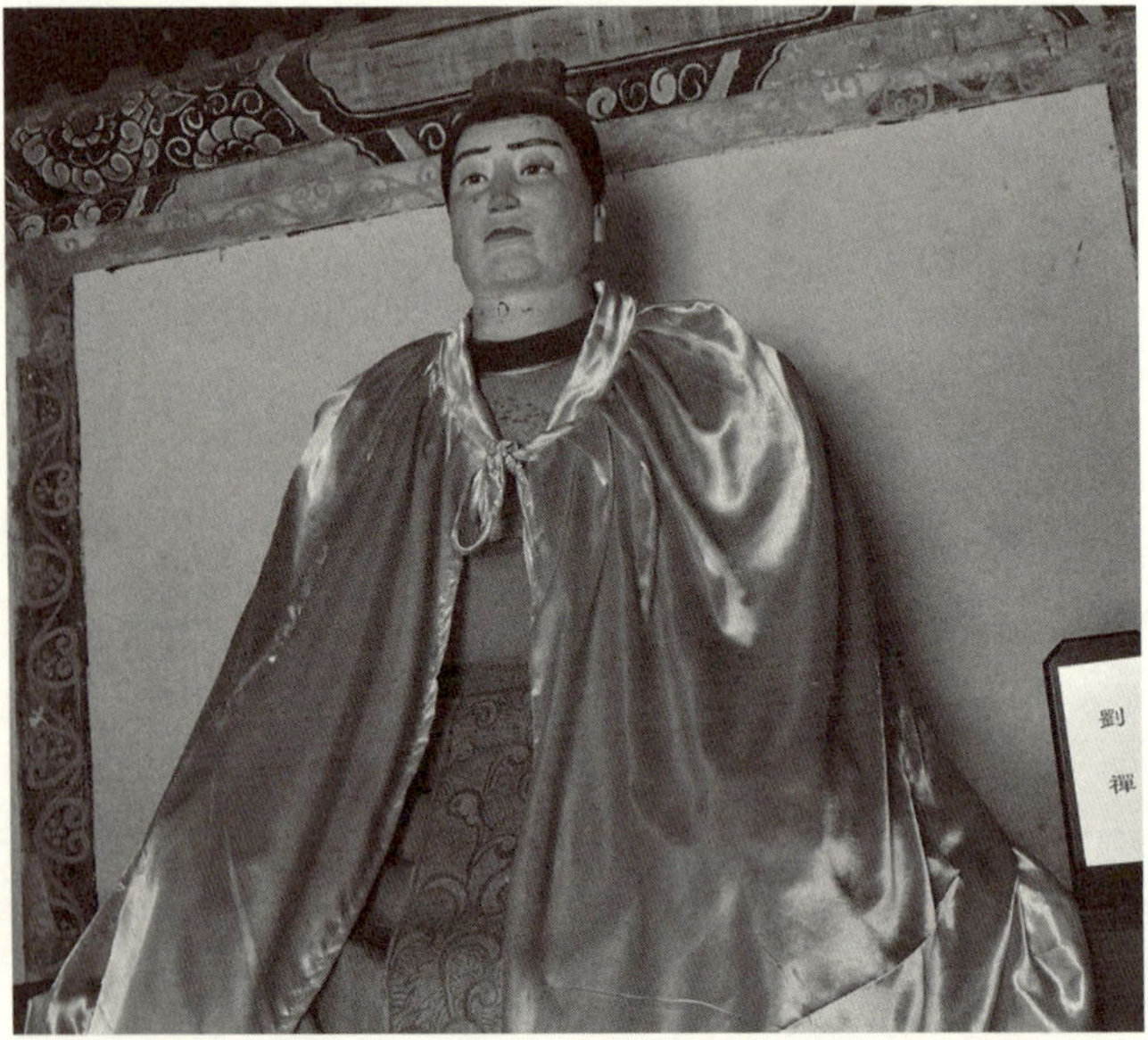


## 蜀の幕を下ろし
## 幽州での平穏な余生

### 劉禅《りゅうぜん》(公嗣《こうし》)

207〜271年
出身地：涿郡涿県(たくぐんたくけん)
所属：蜀→魏→晋

「赤壁の戦い」の前年にあたる207年、劉備が荊州の新野に滞在している時に生まれた。翌年、曹操軍に襲撃を受け捕らわれそうになるが、劉禅は母親の甘夫人とともに趙雲に救われる。その後、劉備が蜀の皇帝になると皇太子になり、張飛の娘(敬哀[けいあい]皇后)を皇后に迎えた。後年、敬哀皇后が亡くなると、その妹(張皇后)を妻としている。劉備の没後、蜀漢の2代皇帝となる。諸葛亮没後も費禕や董允などの宰相がいるうちは無難に政務を執ったが、その後は宦官の黄皓を重用した。しかし、一方で蜀が滅亡するまでの在位は実に40年に及んだ。この40年という在位期間は同時代の人物と比較して最も長く、しかも魏や呉と違い、国内では目立った反乱も起きなかった。父から受け継いだ彼自身の「徳」であったのだろう。蜀滅亡後、劉禅はわずかな家臣とともに洛陽へ護送された。劉禅は劉備の出身地に近い先祖代々の土地、幽州の安楽県にちなむ安楽公に封じられた。任地ではなくその後も洛陽に住み、65歳の天寿を全うした。劉禅には男子が7人いたが、父とともに洛陽に移住した六男の劉恂(りゅうじゅん)が安楽公の名跡を継いだ。

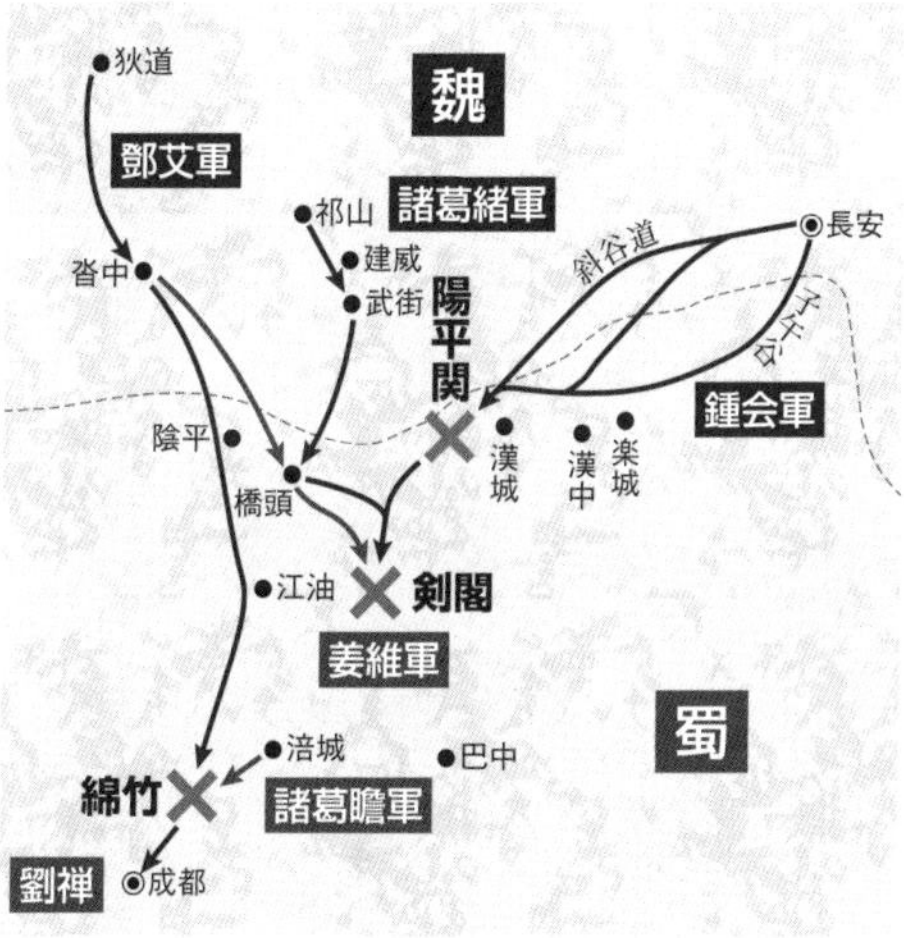


魏軍の蜀侵攻ルート。魏軍は三方向から蜀へ攻め入り、劉禅が住む成都を目指した。姜維は剣閣で粘り強く戦ったが、鄧艾に山越えを許して成都を突かれてしまう。

鄧艾軍の陰平越え。崖をよじ登ったり、布で身体を包んで谷を転げ降りたりと、通常では考え付かない進軍で、成都へと攻め寄せた鄧艾軍の将兵。この奇襲に蜀将はなす術がなかった。魏将・鄧艾が『孫子兵法』の一節「その備え無きを攻め、そのおもわざるに出る」(敵の裏をかき、手薄な所を攻める)を実践した大胆な作戦だった。

265年

# 司馬懿の孫・司馬炎が晋を建国

## 鄧艾、鍾会が相次いで命を落とし、魏も滅亡へ向かう

蜀が滅亡し、三国志の一角が崩れた後、それを滅ぼした魏にも滅亡の影が忍び寄っていた。成都を陥落させた殊勲者、鄧艾《とうがい》はそのまま成都に留まっていた。成都開城のさい、城外に出てきた劉禅および群臣60余人を手厚く迎えた後、そのまま入城。兵に略奪を許さなかったため、蜀の民衆は彼の行為を讃えたという。

しかし、その一方で鄧艾は功を誇り、呉平定に向けての策や、劉禅の処遇についての意見を事細かに司馬昭へ書き送った。司馬昭は「後日の沙汰を待て」と戒めたが、鄧艾は故事を持ち出して「大夫《たいふ》は専断で事を行なっても良いはず。この時期を逸してはなりません」などと返答した。そのため、司馬昭は魏帝の名で勅命を出して鄧艾を捕らえさせると、洛陽へ護送中に殺害させてしまう。

鄧艾とともに蜀を攻めた鍾会も成都にいた。実は彼も「鄧艾に逆心あり」と都に書

き送った首謀者のひとりであった。鄧艾が始末されると、成都へ帰って来た姜維と親交を深め、手を組んで蜀漢を再興しようという計画を練った。蜀漢を再興し、自らがそのトップに立って、司馬昭に反旗を翻そうとしたのである。

鍾会は、まず邪魔な魏将たちを捕らえて幽閉。だが、鍾会に捕らえられた胡烈は食料を差し入れにきた兵に「鍾会はお前たちを順番に棒で殴り殺して、穴に投げ込むつもりらしいぞ」と耳打ちした。その情報が兵たちの間に流れて広まると、鍾会に反感を募らせた将兵たちが一斉蜂起。鍾会は襲撃され、あっけない最期を遂げた。姜維も巻き添えを食う形で殺害され、蜀漢再興の夢は消える。

一方、魏の都・洛陽は五代目・曹奐《かん》の治世となっていた。彼は曹操の孫であったが、すでに実権はなく、司馬昭が擁立した傀儡に過ぎない。去る甘露5年（260年）、先帝の曹髦は司馬昭の部下により、皆殺しの憂き目に遭い、曹奐はその先帝の失敗によって15歳で就任した皇帝だ。彼はもはや抵抗する意欲すら見せなかった。

司馬昭は蜀を滅亡させたのち、晋《しん》公の地位につく。さらに翌年、晋王にのぼった。かつての曹操と同様、時代が魏から晋へ移ろいつつあることが明白となった。

順風そのものであった司馬昭であったが、最晩年は心痛に苦しんだ。というのも、司馬昭は兄・司馬師の養子である司馬攸《ゆう》を後継者にしようと考えていたのだが、周囲は司馬昭の長男・司馬炎《えん》に継がせるべきである、と長幼《ちょうよう》の序を重んじる声が大勢を占めた。司馬炎も司馬攸も、本来は司馬昭と正室・王元姫《おうげんき》との間に生まれた実の兄弟だが、司馬師に子がなかったため養子に入っていたのだ。かつて魏帝・曹丕は、世継ぎ争いで邪魔になった弟・曹植を冷遇した。司馬攸は、その曹植のようになるかもしれない……。心に憂いを抱いたまま、司馬昭は265年8月に世を去った。

そして12月、司馬炎をはじめ、魏の朝臣たちは新国家の設立へ向けて準備を整えていった。曹奐に対しては「魏の暦数（寿命）は既に尽き、天命がございます」など、暗に司馬氏への禅譲を促す上奏を繰り返したのである。曹奐もその流れには逆らわず、同月15日、禅譲の儀を執り行う。曹奐はこの時20歳、司馬炎は30歳であった。曹奐は帝位を司馬炎に譲ると洛陽城を出て、後に陳留王に封じられ、鄴に移り住む。こうして曹操が礎を築いた魏は、五代46年で姿を消してしまった。

それから2日後、司馬炎は郊外の受禅台で新帝就任の儀式を行ない、新王朝を「晋」と名付け、元号を泰始と改めたのである。

# 歴代皇帝一覧

## 魏

1. 曹丕（文帝《ぶんてい》）在位220年〜226年
2. 曹叡（明帝《めいてい》）在位226年〜239年
3. 曹芳（斉王《せいおう》）在位239年〜254年
4. 曹髦（高貴郷公《こうきごうこう》）在位254年〜260年
5. 曹奐（元帝《げんてい》）在位260年〜265年

## 呉

1. 孫権《そんけん》（大帝《だいてい》）在位229年〜252年
2. 孫亮《そんりょう》（会稽王《かいけいおう》）在位252年〜258年
3. 孫休《そんきゅう》（景帝《けいてい》）在位258年〜264年
4. 孫皓《そんこう》（帰命侯《きめいこう》）在位264年〜280年

祖父や父の基盤を継ぎ
中国統一を果たす

### 司馬炎《しばえん》（安世《あんせい》）

236〜290年
司隷河内郡温県（しれい かだいぐん おんけん）
所属：魏→晋

司馬懿の孫。曹操の孫にあたる曹奐（魏の第五代皇帝）から帝位を簒奪し、魏を滅ぼして晋を建国。その後、呉を滅亡させて三国時代を終焉させた。統一直後は謀叛人とされた鄧艾の名誉を回復し、呉帝の孫皓を助命するといった英明な対応も目立ったが、その後は贅沢な生活を送り、賄賂政治を横行させるなど堕落してしまった。こんな逸話がある。王済の家を訪ね、そこで饗された蒸し豚が大層な美味。気に入った司馬炎が理由を訪ねると、「人乳を飲ませて育てた豚です」という。さすがに気分を害して席を立ったという。

264年～280年

# 孫呉の滅亡と、晋の中国統一

## 四代目にして最大の暴君、呉にあらわる

蜀と魏が滅び、三国のうちで残るは呉のみとなった。呉の永安7年（264）、三代皇帝・孫休《そんきゅう》が30歳で死去した。4人の男児はまだ幼く、一族の中で最もふさわしい者が切望された。前年に蜀が滅び、より強大となった魏に対抗できる皇帝として、白羽の矢が立ったのが、孫権の三男で廃太子であった孫和《そんわ》の子、孫皓《そんこう》であった。

「才知と見識があり、孫策公にも劣らぬ」と、まさに鳴り物入りでの皇帝就任であったが、これが呉には大きな災いとなる決定だった。

23歳で呉の皇帝に即位した孫皓、当初は国の倉庫を開いて貧民を救い、官女を解放して妻のない者に娶わせるなど仁政を布いたが、次第に本性をあらわす。

265年、司馬昭は孫皓に降伏を勧告してきた。孫皓はこれに従うとの返書を持たせるが、その途中で使者が魏を賞賛していると聞くや、呼び戻して殺害してしまう。

同年、孫皓は先帝の未亡人で皇太后の朱氏を迫害し、景皇后に降格させたうえ、死に追いやった。また孫休の4人の子を小城に閉じ込め、年長の2人を殺害。孫休の腹心であった濮陽興と張布も殺害した。孫皓の恐怖政治の始まりだった。

そして、司馬炎が魏の皇帝・曹奐より禅譲を受けて晋を建てた。即位直後ということもあり、晋はしばらくの間、内政に力を入れる方針をとった。よって呉への遠征は後回しにされた。それが民衆にとって幸いだったか、災いだったかは分からない。

その後、孫皓は「荊州に王者の気配がある」と吹聴する者の言葉を真に受けて、揚州の建業から荊州の武昌への遷都を強行するも、翌年にはまた建業に戻すなど、配下や民に負担を強いた。酒宴で、臣下に酒を無理に勧めておいて酩酊させ、少しでも問題ある言動をすれば罰した。後宮には5000人もの女性を入れ、気に食わない者はすぐに殺害。刑罰では人の顔を剥ぎ、目玉をえぐる。頻繁に土木工事を行なって民衆に負担をかけるなど、かつての董卓も顔負けの暴政を行なったのである。

そんな主君のもとにも有能な家臣がいるもので、陸遜の息子の陸抗《りくこう》、孫権の代から仕える丁奉《ていほう》らが晋の攻勢を防ぎ、国を支えていた。

## 羊祜と陸抗、名将ならではのライバル対決

晋と呉による大規模な軍事衝突は、272年の「西陵《せいりょう》の戦い」が皮切りとなる。孫皓は西陵の督を務める歩闡《ほせん》を武昌へ呼び戻そうとした。しかし、孫皓の暴君ぶりを知る歩闡はそれを無視した。この時、歩闡に対して孫皓が何をしようとしたのかは不明だが、戻ればどんな目に遭わされるか分からない。疑心暗鬼となった歩闡は晋に使者を出し、西陵城ごと降伏する旨を申し入れた。

司馬炎はこれを喜び、歩闡を都督西陵諸軍事・衛将軍などに任じ、手厚く迎える。これに対し、呉の陸抗《りくこう》は歩闡を捕らえるべく西陵城へ急行したが、晋も西陵救援の軍を出した。指揮官には荊州方面の軍事責任者・羊祜《ようこ》が抜擢された。羊祜は部下に命じ、陸路と水路の両面から西陵へ進軍させ、自らは陽動部隊として東の江陵へ進軍する。

しかし、いち早く西陵の近くに到着した陸抗は二重の陣地を築き、万全の態勢で待ち受けていた。羊祜は江陵攻略にあたり、輸送に陸路を使うという偽報を流し、水路を使おうとするが、これを看破した陸抗は、江陵の守将に堰を切るよう命じて水を退かせ、羊祜軍の輸送を阻む。陸抗はその間に、西陵に来た晋の別働隊を破り、孤立した西陵城を陥落させ、歩闡を処刑した。これで羊祜も撤退せざるを得なかった。

西陵救援には失敗した羊祜であったが、以後も漢水周辺の経営にあたり、晋の勢力拡大を進めた。また善政を布いたため、孫皓の暴政に苦しむ呉の領民が河を渡って流入するようになるなど、敵国の呉でも「羊公」と呼ばれ敬慕されるようになる。この善政は羊祜自身の姿勢でもあったが、無論、呉征伐に備えての準備でもあった。

羊祜と陸抗は、その後も国境を挟んで対峙していた。ある時、陸抗が過労から病気を患ったため、それを知った羊祜は薬を贈った。呉将たちは一様にその中身を疑うが、陸抗は躊躇なくそれを飲んだ。陸抗が返礼として酒を送ると、羊祜は毒身もせず、それを喫したという。こうした交誼が語り継がれ、「羊陸之交《ようりくのこう》」という成語ができた。三国時代が最後に打ち上げた美談といえよう。

## 破竹の勢いで呉が滅亡、三国志の時代が終わる

孫皓の暴政は年を重ねるにつれて激しくなり、ついに「人心は離れ、誰も孫皓のために力を尽くそうとする者がなくなった」と、正史には記されている。

こうした知らせを受け、司馬炎は咸寧5年（279）、呉討伐の詔を発する。杜預《とよ》、王濬《おうしゅん》などが率いる軍が、成都・下邳・寿春など6方面から総勢20万あまりで、

呉の都・建業へと押し寄せた。晋軍の勢いは杜預が言った「たとえるに破竹のごとし」であった。呉軍は長江に鉄鎖を設置するなどして食い止めようとしたが焼け石に水。抵抗する気力を失った孫晧は280年3月、都・建業を開城し、降伏の意を固める。こうして呉は滅びた。

勝利の知らせを受けた司馬炎は盃を持ち、「これは羊祜の成功なり、惜しむらくは、彼が自分自身で見ることができなかったことだ」と涙ながらに叫んだ。羊祜は呉討伐の準備を進めながら、出陣の前年に亡くなっていたのだ。

英邁であったはずの司馬炎だが、中国統一後は堕落の一途を辿る。統一を果たしたため軍隊を縮小したかと思えば、今度は女色に耽り始めた。

元々、女好きであった司馬炎は国中から選りすぐりの美女を5000人も選ばせ、後宮へ入れた。呉を滅ぼした後には、孫晧の後宮にいた美女5000人を自分の後宮へ入れ、1万人ものハーレムをつくった。毎晩、羊たちが引く車に乗って後宮を巡り、止まった場所にいた女性の部屋で一晩を過ごした。女性たちは司馬炎の車を止めるため、竹の葉に塩を盛って部屋の前に置いた。塩を好む羊がその前で足を止めるからであり、これが「盛り塩」の起源と伝えられている。

晋帝・司馬炎が天下を統一。蜀の劉禅、呉の孫皓はその前にひれ伏した。これは『三国志演義』をもとにしたイメージ絵である。劉禅は降伏後「ここは楽しい。蜀のことなど思い出しもしません」と言ったが、それは司馬昭の警戒を解くためであったという見方もある。

絵本通俗三国志より　個人蔵

暴政で晋の侵攻を招いた
四代目にして最後の皇帝

## 孫皓《そんこう》（元宗《げんそう》）

242～284
出身地：揚州呉郡（ようしゅうごぐん）

　孫権の孫にして孫和の子。父の孫和は皇太子でありながら、「二宮事件」で長沙へ追いやられ、自害させられた。その出来事は孫皓の生い立ちに相当な影響を与えたようだ。皇帝になると孫和を国中で弔い、名誉回復を図ったほか、他の皇族たちを次々と粛清したため、晋へ亡命する者が続出した。280年、晋による討伐軍が都の建業に迫ると、自らを縄で縛り、棺桶を背負って城を出た。臣下にそれまでの行ないを詫び、洛陽へ移住し、284年頃に死去した。

斜陽の中ひとり気を吐いた
孫呉最後の名将

## 陸抗《りくこう》（幼節《ようせつ》）

226～274
出身地：揚州呉郡呉県（ようしゅうごぐんごけん）

　陸遜の次男で、母親は孫策の娘。長兄に陸延がいたが早世した。20歳の時に父が亡くなり、その跡を継いで武昌に駐屯した。陸抗が成長すると、孫権は陸遜を死なせたことを悔やみ、「私は讒言を信じ、あなたの父君の信義を裏切ってしまった」と詫びた。晩年、晋の羊祜との関係から、孫皓に疑いを持たれて詰問されたが、陸抗は堂々と反論したため、孫皓も罪に問えなかったという。子の陸機・陸雲は晋の文学者として名を知られる存在となる。陸抗が死去すると、呉の中で晋に対抗できる将は不在となった。

290年～

# 晋の崩壊、再び分裂した中国大陸

## 「穀物がなければ、肉を食べなさい」

西暦280年に呉が滅亡したことで、名実ともに三国時代は終焉した。覇者となった司馬炎だが、彼は父親の司馬昭ではなく、臣下たちの意向で帝位に就いた皇帝である。前述したように酒色に耽った一因は、自分を取り巻く権力抗争に嫌気がさしたからかもしれない。新たにできた晋でも後漢と同様、皇帝の親族である外戚が政治を動かし、司馬炎にはそれほど強い権限があったわけではなかった。

皇太子の司馬衷《ちゅう》の嫁選びにしても、司馬炎は征東将軍・衛瓘《えいかん》の娘を迎えようとしたのに、馮紞《ふうたん》・荀勗《じゅんきょく》らの説得で、賈充の娘・賈南風《かなんぷう》を娶ることになった。この賈南風が実に苛烈な性格で、嫉妬のあまり数人の側室を殺してしまったため、夫の司馬衷は恐れ慄くばかりだった。怒った司馬炎は賈南風を幽閉し、息子と離縁させようとしたが、外戚の楊珧《ようとう》らが必死にとりなしたため、許してしまうのである。

中国統一から10年後の290年、司馬炎は56歳で病死する。跡を継いだ司馬衷だが、彼は暗愚どころか知的障害を持っていたといわれ、まともに政務を行なうことができなかった。穀物が穫れず、多くの民が餓死した時に、「なぜ挽き肉(肉粥)を食べない?」と言った。18世紀のフランス王妃マリー・アントワネットが「パンがなければケーキを食べれば～」と発した作り話があるが、こちらが元祖である。

このような皇帝では、ますます外戚のやりたい放題だ。必然的に母親の叔父である楊駿、皇后の賈南風が権力争いを繰り広げ、やがて「八王の乱」という皇族同士の内乱が勃発した。晋の朝廷は、魏の滅亡の理由を行き過ぎた中央集権化にあったと分析し、「司馬氏の親族にあたる王を各地に派遣して力の分散を図ったが、これが災いした。司馬衷の代になると王たちが力を持ち、互いに権力争いを始めたのだ。

血で血を洗う権力闘争の末、晋は五胡十六国《ごこじゅうろくこく》のひとつ「漢」(前趙)に滅ぼされる。司馬炎の即位から36年後、時に316年、四代目・司馬鄴《ぎょう》の代のことだ。その後、中国は五胡十六国時代を経て南北朝時代に入り、戦乱の世に戻った。次に中国を再統一したのは6世紀に興った隋《ずい》の初代皇帝・楊堅《ようけん》(541～604)であった。

終幕

# 三国志を完成させた、蜀の旧臣・陳寿

## 三国志の著者が、後世へ伝えたかったこととは？

歴史書『三国志』が完成したのは、今から1700年ほど前の西暦280年過ぎ。つまり、呉が滅んで三国時代が終わった、まさにその直後に記録されたわけで、情報の新鮮さ、正確さという点できわめて希少な歴史書である。

現代の私たちが、ちょうど父親や祖父の伝記を書くような感覚だったのだろう。とはいえ、言論の自由が保証されていた時代ではないから、当時の社会通念から見て都合の悪いことは書けなかったし、存命中の人物もいたため、客観視できない面もあったようだ。そこが『三国志』の欠点でもある。

さて、その『三国志』の著者（編纂者）である陳寿《ちんじゅ》は、どのような人物だったのだろうか。陳寿は諸葛亮が亡くなった前年（233）、蜀に生まれた。彼の父親は馬謖《ばしょく》の部下として「街亭《がいてい》の戦い」に従軍するなど、名の知られた人物だったようだ。馬謖が諸葛亮に処刑された時、父も連座して髠刑《こんけい》に処された記録がある（剃髪《ていはつ》する刑罰。当時の剃髪は屈辱だった）。そのため、諸葛亮を恨んでいたと解釈されることがあるが、『三国志』を読めば、彼が諸葛亮をいたく尊敬していたことは明らかだ。

陳寿は譙周《しょうしゅう》に師事した。師は劉禅の教育係を務め、姜維の北伐に反対し、劉禅に降伏開城を勧めた蜀の学者である。『三国志』にはこの譙周の伝も載っているが、そこに師と陳寿自身の会話が残されているあたり、師に対する想いの深さも窺える。

蜀滅亡（263年）の時、陳寿は在野に身を置いていたが、もと蜀の武将で、ともに譙周に学んだ羅憲《らけん》の口利きで晋に仕える。陳寿は蜀の古史『益部耆旧伝《えきぶほうきゅうでん》』、諸葛亮の文書集『諸葛亮集』といった著作があったが、どれも皇帝の司馬炎、大臣の張華らに高く評価され「著作郎」という史書官に相応しい役職に就いた。

『三国志』を書き始めたのは、ちょうど呉が滅びた年（280）あたりで、それから4年以内という短期間で完成させた（『華陽国志』）。『三国志』には284年に呉の孫晧が没したと記され、同年に亡くなった杜預が『三国志』を高く評価したと『晋書』に記されている事実からも、その完成時期が大体わかる。

もちろん、陳寿がすべて一から書いたわけではない。当時は、魏に仕えた王沈が書いた『魏書』、呉に仕えた韋昭《いしょう》が書いた『呉書』があり、そこから引用した記録も多い。特に呉は、陳寿にとって一番なじみの薄い国であっただけに、大半は『呉書』を参照して書いたとみられる。

陳寿は『三国志』で魏を正統な国として扱う一方、蜀と呉の記録も独立して収め、他の正史と一線を画す歴史書にした。『蜀志』の中に、楊戯の筆による蜀の君臣を称えた書『季漢輔臣賛《きかんほしんさん》』を全文収録したところにも、故国である蜀に関しての思い入れを込めたことが分かる。簡潔な文体の中に、そうした「思い」が滲んでいたのは、当時の人も汲み取ったはずだ。ことに張華は『三国志』を絶賛し、「晋書はこの本の後に続けるべきだな」とまで言った。夏侯湛《かこうたん》（夏侯淵の曾孫）は『三国志』を読み、自分が書いていた『魏書』を引き破り、筆を折ってしまうほどの衝撃を受けた。

陳寿の師匠だった譙周は、陳寿に「君は必ず学才をもって名を上げる。挫折の憂き目に遭うだろうが、それも不幸ではない」と予言していたという。

陳寿の最高傑作『三国志』は、1700年の時を超える不朽の名作となった。三国時代は終わったが、私たちは『三国志』を紐解くたびに、その始まりを読むことができるのだ。

画・雲才（東雲楼）

## 正史三国志を著した蜀の旧臣にして晋の史家

## 陳寿《ちんじゅ》（承祚《しょうそ》）

233～297
出身地：益州巴西郡安漢（えきしゅうはせいぐんあんかん）
所属：蜀―晋

　譙周に師事し、蜀に仕えたが、蜀滅亡時には在野にいた。宦官の黄皓に逆らって左遷されたためである。また父親が亡くなり、その喪中に病気を患い、下女に薬を作らせていた。これが発覚すると「親不孝者」と罵倒された。儒教の教えでは親の喪に服している時に、わが身を労わる（薬を飲む）ことなど、許されないと考えられていたからで、その影響もあった。『三国志』は陳寿の死後も代々の王朝に伝わったが、長らく正式な史書とは扱われていなかった。正史と認定されたのは唐の太宗（598～649年）の時代であった。なお、『三国志』の「志」は、雑誌などの「誌」と同じで、記録という意味である。ただ、中国の正史「二十四史」の中では、『後漢書』『宋史』などの表記は見られるが「志」の表記は三国志だけである。

## ●三国時代　主要年表（220年〜）

| | |
|---|---|
| 220 | 曹操が死去。曹丕が献帝から禅譲を受けて魏の皇帝となる。 |
| 221 | 劉備が蜀の皇帝に即位する。 |
| 223 | 劉備が死去、劉禅が即位し、諸葛亮が丞相となる。 |
| 225 | 諸葛亮は南征を行い孟獲を降して平定する。（孔明の南征） |
| 226 | 魏帝・曹丕が死去し、曹叡が二代皇帝になる。 |
| 228 | 蜀の諸葛亮が北伐を開始。街亭で馬謖が敗れる。 |
| 229 | 呉王の孫権が皇帝に即位。諸葛亮は武都、隠平を攻略（第3次北伐） |
| 233 | 孫権が公孫淵を燕王に封じるも、公孫淵はその使者を斬る。 |
| 234 | 山陽公（献帝）が死去。蜀の諸葛亮が五丈原で死去。 |
| 237 | 公孫淵が自立して燕王を自称。 |
| 238 | 司馬懿が遼東に遠征し、公孫淵を討つ。 |
| 239 | 魏帝・曹叡が病死し、曹芳が三代皇帝に即位。 |
| | 邪馬台国の卑弥呼が魏に使者を送り親魏倭王に封じられる。 |
| 241 | 魏の司馬懿が樊城で朱然と戦い撃破する。 |
| 247 | 蜀の姜維が雍州に出兵し、郭淮、夏侯覇と戦う。 |
| 249 | 魏にて、司馬懿が曹爽を誅殺。夏侯覇は蜀に亡命する。 |

| | |
|---|---|
| 250 | 呉の孫権は孫和を追放、孫亮を皇太子に立てる。 |
| 251 | 魏の司馬懿が死去。 |
| 252 | 呉の孫権が死去、孫亮が二代として即位。諸葛恪が実権を握る。 |
| 253 | 蜀の費禕が魏の降将・郭循に刺殺される。 |
| | 呉の孫峻は孫亮と図り諸葛恪を誅殺、実権を握る。 |
| 254 | 司馬師が魏帝・曹芳を退位させ、曹髦を帝位に即ける。 |
| 255 | 寿春で毌丘倹と文欽が反乱を起こすが司馬師に鎮圧される。 |
| 256 | 姜維が「段谷の戦い」で鄧艾に敗退する。 |
| 258 | 魏の諸葛誕が反乱を起こすも失敗し、斬られる。 |
| | 呉の孫亮が廃位され、孫休が三代皇帝となる。 |
| 260 | 魏帝・曹髦がクーデターに失敗し、殺害される。 |
| 263 | 司馬昭が蜀討伐。劉禅が降伏し、蜀が滅亡。 |
| 264 | 蜀で鍾会、姜維が殺害される。呉で孫皓が四代皇帝となる。 |
| 265 | 司馬昭が死去。司馬炎が曹奐に禅譲を行わせ、晋を建国。 |
| 274 | 呉の陸抗が病死する。 |
| 279 | 晋の賈充が総指揮を取り、呉に侵攻する。 |
| 280 | 晋軍の王濬が建業に迫り、孫皓は降伏。晋が中国統一を果たす。 |
| 284 | この頃、晋の史官・陳寿が『三国志』を完成させる。 |
| 429 | 宋の政治家・裴松之が『三国志』に「注」を入れる。 |

# 終章　今も生きる三国志の舞台

## 劉備と諸葛亮が躍動した益州の地へ

### 劉備軍、その苦難と激闘を物語る旧蹟

悠々と水は行く――微風は爽やかに鬢《びん》をなでる。涼秋の八月だ。そしてそこは、黄河の畔の――黄土層の低い断り岸であった。

吉川英治『三国志』の冒頭に記される黄河の様子である。読んでいると、このような悠久の時を思わせる情景が、いくつも登場してくる。そのうちに、あの英雄たちが実際に活躍した舞台に思いを馳せてしまうのだ。そして、その場所は今も中国大陸に存在し、私たちを待っていてくれる。

中国の主要都市のうち、もっとも日本人に馴染みがある地名といえば、北京や上海で間違いないだろう。だが、三国志の時代には北京も上海もなかった。やはり曹操や劉備が駆け巡った荊州や赤壁という地名を、まず真っ先に思い浮かべてしまう。

そして麻婆豆腐やパンダで名高い四川省もまた、三国志好きな日本人に人気の地で

ある。四川の省都として今も名前が残る「成都」は、かつて蜀の都だった所。劉備や諸葛孔明を祀る武侯祠《ぶこうし》があり、毎日多くの人が訪れる。

そこで本書でも綴った、劉備の入蜀戦および諸葛亮の北伐ルートのポイントを辿ってみることにした。現在の旅行で当時の劉備軍のルートを正確に辿ることは、距離的にも時間的にも難しいが、できる限り順を追ってみたい。

成都の中心部から北東150㎞の綿陽という都市にある富楽山《ふらくざん》は、三国志の時代に「涪城《ふじょう》」と呼ばれた。建安16年（211）、蜀へ援軍として入った劉備を、当時の蜀の主、劉璋が出迎え、歓待した城である。

現在は山というより小高い丘一帯が公園化され、三国志にまつわる像や展示物が設えてある。特に劉璋軍と劉備軍の将、十数名が会見した場面を再現した富楽堂は、緊張感が漂っていて圧巻の一言だ。公園内には「五虎上将」の大きな像が建ち並ぶ。『三国志演義』において五虎将と呼ばれる蜀の猛将たちが勇ましい姿で人々を迎える。

この宴の後、劉備軍は北上して葭萌関《かぼうかん》へ向かい張魯軍と戦った。実は、葭萌関は涪城からさらに北へ140㎞も離れた所にあり、高速道路を飛ばしても2時間かかる。何しろ、四川省だけで日本の面積の1・3倍。当時はどれほど時間がかかったのだろうか。葭萌関《かぼうかん》は現在、「昭化古城《しょうかこじょう》」と呼ばれる観光地となっている。内部には明や清の時代にできた城門や石畳が残り、その城壁の内側で生活している人もいて、日本にある中華街とは異なったリアルな生活感が漂う。観光地であって観光地らしくない不思議な空間である。街はずれには、春秋時代に築かれ、漢代を経て明代まで脈々と修復が続けられた城壁が今も残されている。苔むした城壁を眺めていると、当時の戦いの光景が浮かんでくるようだ。また城内の一角には蜀の名政治家のひとり、費禕《ひい》の墓があって、蜀の一時の栄華が偲ばれた。

歴史に話を戻すと、劉備軍はここに1年ほど駐屯し、劉璋に反旗をひるがえして成都へ攻め入る。涪城を奪い、雒《らく》城を攻めるがそこで旧蜀の名将・張任の頑強な抵抗に遭い、軍師の龐統《ほうとう》が戦死するなど苦戦に陥った。成都へ向かう道筋には、その激戦の舞台となった雒城跡、戦死した龐統の墓地（徳陽・龐統祠）などがある。多くは史跡として整備され、訪れる価値は十分にある。

成都に到着した。人口1千万を超える都市ながら古い歴史を物語る遺跡・史跡が豊富に残り、「国家歴史文化名城」に指定されている。街全体が重要文化財だ。

「険塞にして沃野千里、天府の土なり」と諸葛亮が讃えた益州。三国志の時代より千

三国志演義において五虎将に数えられる関羽・張飛・趙雲・黄忠・馬超の騎馬像。実際この5名が同じ場所に集ったことはないが、夢のあるスポット。(四川省綿陽市　富楽山公園)

かつて蜀の桟道と呼ばれ、蜀軍が苦労しながら物資や兵糧を運んだ場所。現在、明月峡と呼ばれる観光スポットとなり、桟道が復元されている。(四川省広元市 朝天区)

年以上も古い周の時代、この地に巴と蜀という2つの国があったことから「巴蜀《はしょく》」と呼ばれた。巴は現在の四川省東部の重慶、蜀が西部の成都周辺を示す地名である。

そして紀元前206年には高祖・劉邦が項羽から、漢中および巴蜀を与えられた。劉邦はここを足がかりに勢力を増大し、やがて項羽を討って漢帝国を建国した。劉備はその劉邦から続いた皇族の末裔と称し、この地を治めるようになった。

## 君臣たちが祀られる歴史的聖地

劉備が蜀の皇帝へ登りつめて行った過程で、劉邦を強く意識していたのは間違いない。建安19年（214）、益州を支配した劉備は、やがて蜀を建国し、その皇帝の座に就いた。ほぼ裸一貫からのスタートで皇帝に登りつめた劉備の苦難と悲哀に満ちた成功・失敗譚は、日本における三国志人気の高まりにも深く結びついている。

現在、都市部に蜀都の面影はあまり感じられないが、「蜀漢路」「黄忠街」「馬超幼稚園」など、往時の地名や武将の名を冠した道路や施設が見られ、三国志の面影をわずかながら感じることができる。

そして市街地のやや南西に建つのが「三国聖地」と冠された武侯祠である。「武侯」

とは諸葛亮のことだ。本来ここは劉備の墓と廟「漢昭烈廟《かんしょうれつびょう》」が造られた場所だが、後世に諸葛亮の人気が爆発的に高まり、いつしか「漢昭烈廟」ではなく「武侯祠」の名前のほうが一般的になってしまった。しかし、劉備は蜀の創業者であり、この場所の中心的な存在であることに変わりはない。

章武3年（223）4月24日、白帝城で没した劉備の亡骸は成都へ運ばれ、8月に「恵陵《けいりょう》」に埋葬されたと正史『三国志』には記される。武侯祠の敷地内にある劉備の墓は三国志の記載通り「恵陵」と呼ばれている。場所については諸説あるが、このように昔から聖地として残されている様子を見れば、ここには確かに劉備の魂が眠っている……。そう心から思えてくる。

唐代、詩人として名高い杜甫《とほ》がここを訪れ、諸葛亮を讃える「蜀相《しょくそう》」という詩を詠んだ。武侯祠は劉備と諸葛亮を祀る聖地として崇められ、特に諸葛亮の神格化に大きく関わってきた。その長い歴史の中で荒廃を繰り返したが、現在の規模と形になったのは清の康煕11年（1672）である。諸葛亮廟を奥に配し、その手前に劉備廟、さらに手前に武将廊、文臣廊という蜀の功臣らを祀る廊下が造られた。

そこに蜀の人物の塑像が全41体も並んでいる。最古のものは先の再建時（1672

かつての蜀の都、成都は今も中国を代表する大都市。観光名所である武侯祠(ぶこうし)、劉備の霊廟(恵陵)入口。かつて、劉諶はこの墓前で自害したのだろうか。(四川省成都市)

姜維の故郷である天水へ向かう途中のひとコマ。着ている服と道路を除けば、三国志の時代と変わらないように感じる。(中国　甘粛省天水市)

年）に造られた劉備・劉諶《しん》・諸葛亮・姜維・馬超・蔣琬《しょうえん》・費禕《ひい》・呂凱《りょがい》・諸葛瞻《せん》・諸葛尚の像だ。それ以外は18〜19世紀に復元または新造された。最新の像でも道光29年（1849）の製作で、貴重な文化財であることに変わりはない。

ところで、劉備像の右側には彼の孫・劉諶が祀られているが、子の劉禅が居るべき左側は不自然に何もない。かつては劉禅の像があったが、彼を嫌う参拝者に何度も壊されたという。蜀滅亡の際、降伏の決意を固めた劉禅は、徹底抗戦を主張する劉諶を宮中から締め出した。そのため劉諶は祖父・劉備の墓前（恵陵）で自害した。後世、劉諶の忠義心が讃えられる一方、その父・劉禅は不忠者として扱われた。現在では劉禅に同情を寄せる人も多い。祀っても許されるのではないだろうか。

武侯祠は、あの文化大革命（1966〜1977年）による破壊を免れてもいる。紅衛兵《こうえいへい》は武侯祠にも突入したが、管理人たちはあらかじめ各所に毛沢東語録を貼り付けていたため、難を逃れたという。周恩来が「誰であれ、武侯祠を破壊しようとする者はその首を取る」と厳命したことも一助となった。成都市街には他にも諸葛亮祠や黄忠廟、馬超廟などがあったが、それらが文革でことごとく破壊されたのは非常に残念でならない。しかし、武侯祠が残されたのは幸いであった。

諸葛亮が北伐の折、成都から漢中への移動に幾度も往復したであろう広元《こうげん》市の明月峡を訪ねる。先に紹介した葭萌関からさらに北へ50㎞、車で約1時間の場所にある。当時は蜀から中原（魏）へ至る唯一の交通路であり、「蜀の桟道」と呼ばれる細い道が通じていた。戦国時代から宋の時代まで、多くの人々が絶えず道を掘り続け、数百キロも続く桟道を造ってきた。想像を絶する労苦だったに違いない。

高祖・劉邦がそうしたように、諸葛亮もこの桟道を通じて成都から前線基地の漢中へ物資・食糧を送るため、様々な知恵と工夫を凝らした。悠久の時が経過して桟道は風化、その形跡もほぼ失われていたが、調査により、ここの岸壁に400個ほどの穴が残っていることが確認された。蜀の桟道は復元され、今にその姿を伝えている。

次に訪れたのが陝西省《せんせいしょう》の漢中である。漢中は「漢」の原点で、高祖・劉邦が拠点とした場所だ。建安24年（219）、この地で曹操を破った劉備は漢中王を名乗り、魏攻略の前線基地と定めた。黄忠が夏侯淵を斬ったところとして名高い定軍山は、諸葛亮が北伐に際しても拠点を置いた場所である。五丈原で散る間際、諸葛亮は自分が死んだら定軍山へ葬るよう遺言した。ここで魏に睨みを利かせ、蜀の鎮守となり、北伐を見守りたいと願ったのだろう。そんな威徳を人々は慕い、この付近の集落に「諸葛村」と名付けたそうだ。諸葛小学校なる立派な学校も建っている。

漢中市にある勉県の武侯祠は263年、諸葛亮の死後29年経って、蜀の家臣や民衆の呼びかけに、劉禅が詔を下し、資金を出して建てられた歴史ある祠だ。そのことにちなみ、「天下第一武侯祠」と呼ばれている。

## 夢半ばで諸葛亮が散った五丈原へ

祁山《きざん》や街亭など、諸葛亮が北伐で挑んだ舞台を経て、最後に訪ねるのは、やはり五丈原である。陝西省の宝鶏《ほうけい》という場所に、この台地はある。最も幅が狭い所が五丈（10mほど）であることから、その名で呼ばれるようになったという。成都から実に800km、その移動距離は現在でも時間に余裕がなくては到底行けない距離である。諸葛亮は、ここで兵に土地を開墾させて兵糧の確保に努めた。そして司馬懿との持久戦に臨んだのである。

五丈原に上る石段があり、その下に「諸葛泉」なる井戸があった。当時、諸葛亮の軍勢が利用したという湧水が、今も井戸の中から滾々と湧き続けている。その周りの洗濯場で、地元の婦人方が懸命に手を動かしていた。こういう光景は今の日本ではなかなか見ることができない。

陝西省はシルクロードの起点に位置するところにあり、地図を見ればちょうど中国大陸の真ん中あたりにある。だいぶ内陸部に入った場所でもあり、水を確保するのにも大変な労力を伴いそうだ。海に近い場所の多い日本では、ごく当たり前に水道設備が張り巡らされているが、このあたりの人々にとっては諸葛亮の時代から変わらぬ生活用水なのだろう。水のありがたみが分かる光景であった。

この五丈原の戦陣で、その命の炎を燃やし尽くした諸葛亮。当時、諸葛亮が司馬懿の軍を望んだであろう台地に立ち、思いを馳せてみた。諸葛亮が目指した長安（現在は西安）は、ここから東へ１４０㎞の距離にある。現在はクルマで1時間半強の距離だが、当時は想像を絶するほど遠く感じられたことだろう。諸葛亮が度重なる挑戦を挑むも、どうしても越えられなかった魏の大都市への道のり。その無念さを思うと涙を禁じ得ない。諸葛亮が世を去ってからも三国時代は続いたが、巷の作品では彼の死を持って終えるものが多い。その理由は漠然と見当をつけてはいたが、やはり中国を実際に訪れてみて、より確かな形で理解できたように思う。

諸葛亮が最期を迎えた五丈原は、陝西省の宝鶏市にある。現地には五丈原の地名を刻んだ碑や、諸葛亮の廟などが建っている。墓所は定軍山にあるため、五丈原には後に彼の遺品を収めたという衣冠塚が建っている。

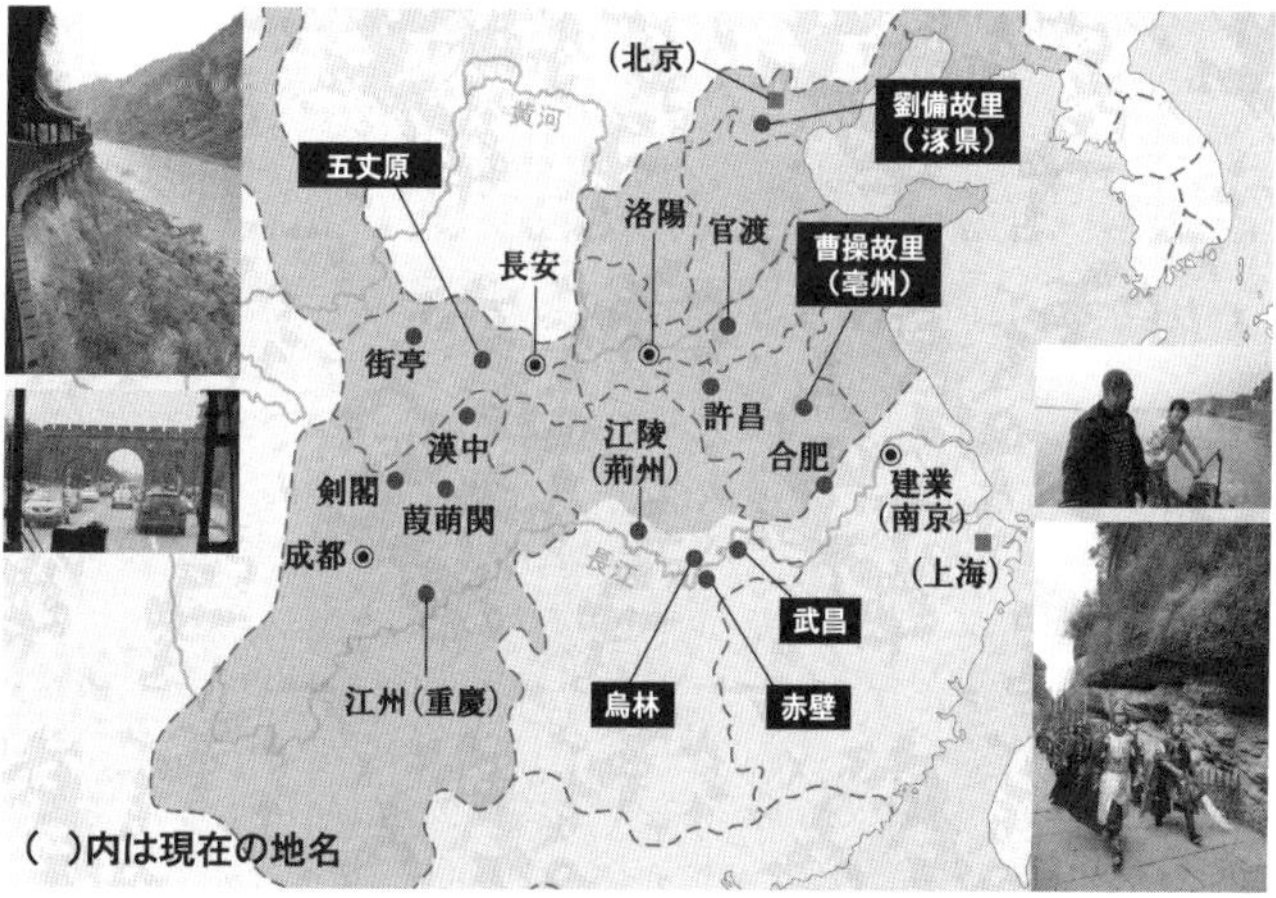


中国大陸にある主要な三国志遺跡。成都から五丈原まで移動するのは現代でも大変である。また、劉備の出身地(北京付近)から成都までの距離を見ると、彼が大陸を広く往来したことが実感できよう。

中国大陸を旅し、英雄たちの足跡を訪ねる

## ［関林《かんりん》］

抜群の武勇の持ち主にして、義に篤い武将・関羽。その忠義心がいつしか「商売の神」にもなるなど、彼を祀る廟は「関帝廟」という名前で中国全土、世界各地のチャイナタウンなどに数え切れないぐらい建てられている。その総本山が、洛陽の南約7㎞の位置にある関林だ。中国では聖人の墓に「林」とつける習わしがあり、関帝廟ではここだけが「林」と呼ばれる。正史に引かれる『呉歴』によれば、孫権は関羽の首を洛陽にいた曹操へ送り、曹操は諸侯の礼をもって、その首を弔ったという。この関林の奥にある首塚がそれである。

（河南省洛陽市）

## ［春秋楼《しゅんじゅうろう》］

曹操の拠点だった許昌にある関帝廟。中国において、三国志の登場人物といえばまず第一に諸葛亮、第二に関羽の名前が挙がるが、銅像および史跡では、やはり関羽関連のものが圧倒的に多い。この春秋楼も関羽を祀る関帝廟のひとつで、関羽が曹操に降って許昌に滞在していたころに住んでいた屋敷の跡と伝わる。現在の楼閣の原型は清代のもの。春秋楼の由来は、この中で関羽は『春秋左氏伝』を読みふけっていた伝承からという。堂内には高さ10mを超えようかという巨大な関羽が鎮座し、その脇に関平、周倉が控えている。許昌周辺には曹操が政務をとった丞相府跡をはじめ、曹丕が禅譲を受けた受禅台、曹魏故城、徐晃の墓など、見どころが多々ある。

（河南省許昌市）

## ［劉備故里《りゅうびこり》］

北京市から南へ車で約1時間。河北省の涿《たく》州《しゅう》に「大樹楼桑村」という集落がある。こぢんまりとした住宅街の片隅、周りは畑ぐらいしかないところに、「漢昭烈皇帝劉備故里碑」がひっそりと建つ。静かな場所なので、当時にタイムスリップしたかのような感覚にも陥ってしまう。もちろん劉備の生まれ故郷だが、当時からこんな静かな環境だったのかもしれない。「おれは、いつかこんな屋根のついた馬車に乗る！」と幼き日の劉備が公言していたという桑の木も今はなくなってしまっている。すぐそばに大樹楼桑村小学校があり、もちろん子供たちは劉備好きである。近くには張飛故里（張飛廟）や、「桃園の誓い」が行なわれたと伝わる「三義宮」が点在している。

（河北省　保定市　涿州市）

## ［曹操故里《そうそうこり》］

別名、魏武故里ともいう。安徽省の亳州《はくしゅう》はその昔、譙《しょう》と呼ばれた曹操の生まれ故郷。曹操の生家跡は、住宅地の中の一角にあり、ちょっとした公園のようでもある。この日は子供たちが元気に遊んでいた。柵の中に曹家の者が植えて以来、樹齢千年といわれる銀杏の木があり、ここが英雄の故郷であるということを伝えるかのようにそびえ立つ。曹操の祖父・曹騰をはじめ、一族の墓が近くにあるほか、曹操の記念館や曹操運兵道という変わった史跡もある。華佗の故里もそう遠くない場所にある。また、曹操が献帝に故郷の酒の造り方を上奏したことにちなんでか、このあたりは白酒の産地で、近郊には中国白酒博物館がある。その中には曹操像が座っている。

（安徽省亳州市）

## ［武昌《ぶしょう》 黄鶴楼《こうかくろう》］

武昌区は武漢市の中東部に位置する都市で、長江の東岸にあたる。後漢の頃は鄂と呼ばれ、呉の領地であった。呉は幾度か都を変えており、当初は呉郡に、211年に丹楊郡の建業、さらに221年〜229年に鄂に遷都し、武昌に改名した。この時期は劉備との荊州所有権をめぐって軍事行動を行なっていたため、都を前線に押し出したのである。当時からあった城も223年に孫権が物見櫓を増設した際に増築したとみられ、それが現在の黄鶴楼（上写真）に発展したとされる。黄鶴楼は湖南省の「岳陽楼」、江西省の「滕王閣」、山東省の「蓬莱閣」と並び中国四大名楼と呼ばれる。現在の黄鶴楼は1985年に再建されたもの。地上51mからの眺めは素晴らしい。

（湖北省武漢市武昌区）

## ［赤壁《せきへき》］

湖北省の赤壁は、208年の「赤壁の戦い」で、孫権軍が布陣したと推定される場所。その場所ははっきり分かっていないが、「蒲圻赤壁」は、地勢や記録なども符合し、出土品も見つかっているため、本物の古戦場の可能性が高いといわれている。ここは「三国赤壁古戦場」という形で観光地化されており、水辺に降りると、大きな周瑜の像が長江を見下ろしている光景が見られる。その近くに烏林への渡し場があり、約1時間に1本、船が往来する。車ごと乗れる大きな船で、約10分程度で対岸に着く。対岸の烏林は曹操が布陣した場所だ。孫権軍が突き進み、実際に戦闘が行なわれた岸辺には石碑があり、戦勝を記念してか、孫権ほか呉に関連した廟がある。

（湖北省咸寧市赤壁市）

［剣閣《けんかく》］

剣閣門とも。四川省剣閣県にある要害の跡地。現在も高く門のようにそびえる崖に挟まれた、蜀の最後の砦である。ここは漢中から蜀の成都への途上に位置する要衝の地であり、姜維が兵力を集め、鍾会の軍勢を3カ月も食い止め、最後の抵抗を見せたところだ。山の連なりは東西100㎞、72峰に及び、まさに難攻不落の地形を肌で感じることができる。楼閣は明代に建てられたといい、楼閣の額に「天下第一関」と大書きされた。たびたび損傷、老朽化し、清代まで何度も修築が重ねられてきた。2008年に四川大地震が起きた時も甚大な被害を受けたが現在は修復されている。なお、このあたりは豆腐の名産地であり、姜維豆腐など英雄の名を冠した料理が食べられる。

（四川省広元市剣閣県）

## ［曹操高陵《そうそうこうりょう》］

正式名を西高穴《せいこうけつ》２号墓《ごうぼ》という。曹操の墓は長年にわたって謎であったが、２００８年～２００９年にかけて、それとみられる墓が発見された。この墓は形態と出土遺物から後漢時代の後期と認定され、曹操の墓と発表された。墓道を降りると墓門・甬道・前室・後室があり、さらに４つの側室が設えてある。墓道の長さは39・５m、幅は９・８m、最深部は約15mの深さがある。墓室からは男性１人と女性２人分の遺骨が発見され、このうち男性の遺骨は60歳前後で、曹操の死亡時期と一致する。女性はひとりが50歳以上とみられ、曹丕らを生んだ卞夫人と推定できる。ただ現在、いまだ調査中のため一般公開されていない。

（河南省安陽市安陽県）

## 日本にも、こんなに沢山の関帝廟が！

関羽は三国志の人物という枠を超え、「関帝」として神格化された。それは中国のみならず日本各地にも祀られる。関羽が祀られるようになったのは、没後9年が経った228年、劉禅が壮繆侯《そうぼくこう》の諡《おくりな》を授け祭祀して以降だ。その後、中国の歴代王朝の皇帝が関羽の忠義の武将として顕彰し、王号あるいは神号を贈り、やがて「関聖帝君」（関帝）という呼び名が定着。当初は道教の神であったが、仏教寺院でも祀られ、民間でも広く崇められるようになった。

そして飛鳥時代以降、中国から日本へ仏教が伝わったのに伴い、経典や仏像とともに関帝（関羽）像も日本へ運ばれたり、あるいは日本でも造られるようになった。最古の部類に位置するのが長崎の興福寺（1620）と崇福寺（1629）、京都の萬福寺（1661）で、いずれも黄檗宗《おうばく》の寺院だ。寺院以外の関帝廟としては、横浜中華街の中にある横浜関帝廟が最も有名である。また、神戸の南京町の近くにも神戸関帝廟がある。これらは幕末の開国期や明治時代以降、華僑《かきょう》が建立したことに始まる。中国の文化大革命同様、日本でも明治時代に廃仏毀釈があったため、現在では数こそ減ったが、今も残る関帝廟および関羽像は文化財としても貴重なものが多い。

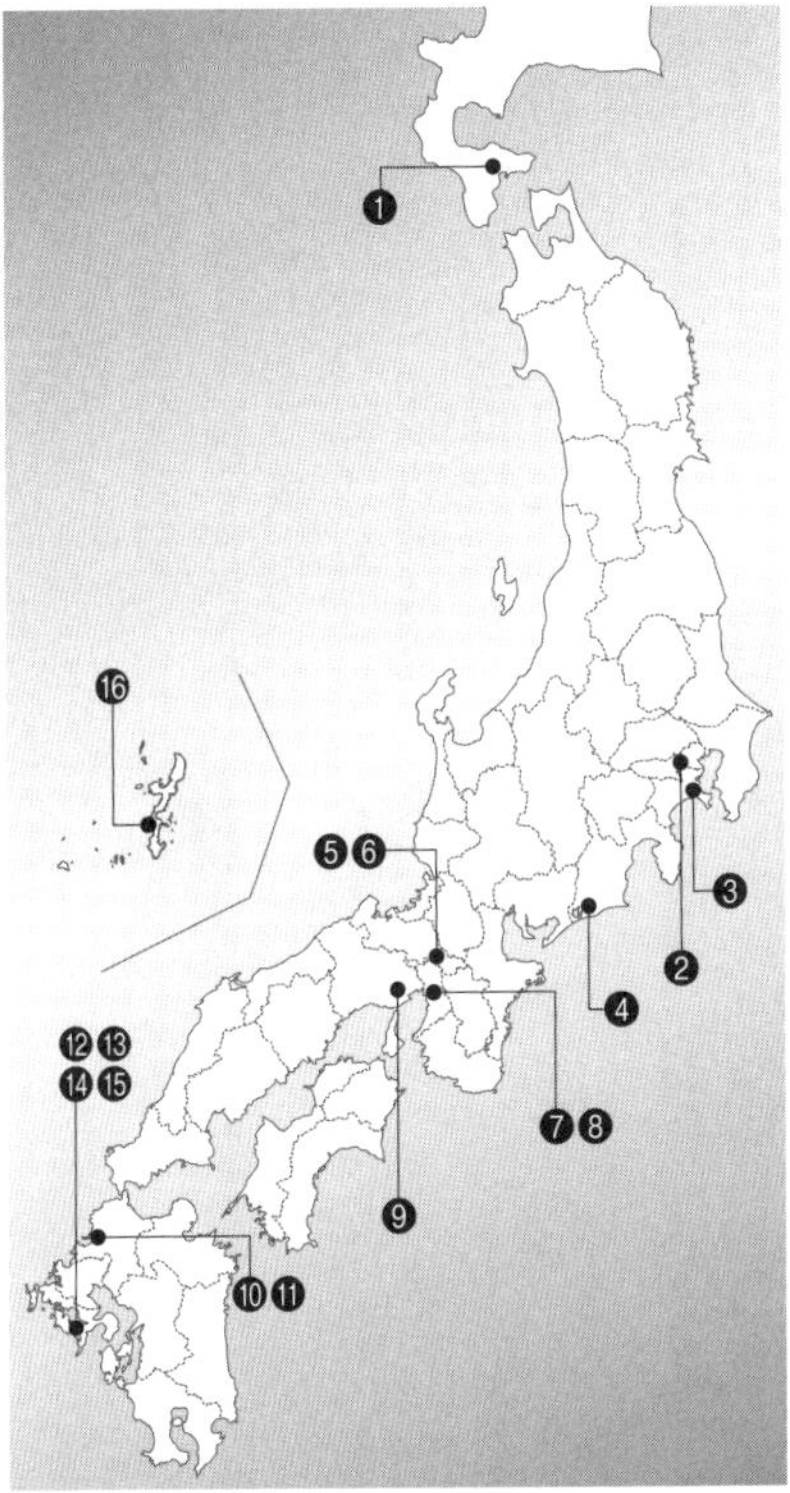

❸横浜関帝廟

❶函館関帝廟

⓬長崎興福寺

❿福岡空港の関羽像

## 日本にある主な関帝廟(関羽像)

1　函館中華会館(北海道函館市)
2　東京媽祖廟(東京都新宿区)
3　横浜関帝廟(神奈川県横浜市)
4　宝林寺(静岡県浜松市)
5　萬福寺(京都府宇治市)
6　大興寺(京都府京都市)
7　清寿院関帝廟(大阪府大阪市)
8　上海新天地の関帝廟(大阪府大阪市)
9　神戸関帝廟(兵庫県神戸市)
10　福岡空港国際ターミナル(福岡県福岡市)
11　千眼寺(福岡県福岡市)
12　興福寺(長崎県長崎市)
13　崇福寺(長崎県長崎市)
14　聖福寺(長崎県長崎市)　※関羽像通常非公開
15　天后堂・観音堂(長崎 唐人屋敷跡)
16　天尊廟(沖縄県那覇市)

※2017年12月現在

# おわりに

「好きな武将はだれですか？」

初対面の三国志好き同士が話す場合、一般的にはこの話題から入るのが慣例化している。しかし、私はこう聞かれると結構、困ってしまうのだ。

強いていうなら、みんな好き。ずっと歴史に向き合って仕事をしていると、好きとか嫌いとかいう尺度では、その中の人物を図れなくなってくる。

三国志でいえば劉禅や麋芳でも嫌いになれないし、かといって「好き」という感情で見ると、ものの見方がぼやけてくる。でも、「みんな好き」という答えではつまらないし、その後の話がつながらないのだ。だから困る。

その時その場の空気感で答えるが、魯粛や董卓で話がつながりそうならそうするし、演義に出てこない人物。韋昭で行けるならそれもいい。

今、ひとりだれかと問われるなら、劉備と答えたい。曹操でも孔明でもなく、私は彼こそが三国志の真の主役であり、ミスター三国志だと思っている。

長く三国志に触れていると、原点に帰りたくなるのだ。劉備とは三国志の原点であり、原点にはそれだけの良さがある。この際、ここで明記しておきたいと思う。本の刊行にあたり、劉備や作者の陳寿をはじめ、三国志の英雄たちに心から感謝の念を捧げたいと思います。

上永 哲矢（うえなが てつや）

◎参考文献

『正史　三国志』（ちくま学芸文庫）今鷹真、井波律子、小南一郎
『三国志演義』（平凡社）立間祥介訳
『三国志』（講談社・吉川英治文庫）吉川英治
『三国志』（潮出版社）横山光輝
『関羽　神になった「三国志」の英雄』（筑摩選書）渡邉義浩
『三国志　演義から正史、そして史実へ』（中公新書）渡邉義浩
『魏志倭人伝の謎を解く』（中公新書）渡邉義浩
『三国志　正史と演義の狭間』（白帝社）満田剛
『三国志　赤壁伝説』（白帝社）満田剛
『三国志の大地』（竹内書店新社）雑喉潤
『三国志と日本人』（講談社現代新書）雑喉潤
『「三国志」の女性たち』渡邉義浩・仙石知子
『中国文明の歴史』（中公文庫）森鹿三
『三国志人物事典』（講談社文庫）渡辺精一
『「その後」の三国志』（実業之日本社）渡辺精一
『秘本三国志』（文春文庫）陳舜臣
『三国志合戦事典』（新紀元社）藤井勝彦
『三国志人物事典』（新紀元社）小出文彦
『中国の歴史』（講談社文庫）陳舜臣
『史記』（ちくま学芸文庫）小竹文夫、小竹武夫訳
『三国志　きらめく群像』（ちくま文庫）高島俊男

**上永哲矢**（うえながてつや）

1972年、神奈川県生まれ。歴史文筆家。日本史・三国志を中心とした歴史の記事、旅や温泉のルポを雑誌や書籍に寄稿。近年、中国での三国志史跡めぐりをライフワークとしている。また歴史取材の傍ら、ひなびた温泉に立ち寄ることを至上の喜びとする。近著に「密教の聖地 高野山 その地に眠る偉人たち」（三栄書房）、「ひなびた温泉パラダイス」（山と溪谷社）。


# 三国志

## その終わりと始まり

2018年1月5日　初版 第1刷発行

著　者――上永哲矢
発行人――鈴木賢志
発行元――株式会社三栄書房
〒160-8461 東京都新宿区新宿6-27-30
新宿イーストサイドスクエア 7F
TEL:03-6897-4611（販売部）
TEL:048-988-6011（受注センター）

装幀者――丸山雄一郎（SPICE DESIGN）
制　作――株式会社プラネットライツ
印刷製本所――図書印刷株式会社

落丁本・乱丁本は購入書店名を明記のうえ、小社販売部あてにお送りください。
送料は小社負担にてお取り替えいたします。
Printed in Japan ISBN 978-4-7796-3504-5